全国机械冶金建材系统产业工人队伍建设改革优秀案例汇编
[第二辑]

中国机械冶金建材工会 编

中国工人出版社

编委会

主　任　陈杰平

副主任　关　明　张　杰　李晓强　刘向东

编　委（按姓氏笔画排序）

　　　　　王　欣　朱　丹　孙丽娟　朱海峰

　　　　　张旭光　张晓莹　张家蔚　张鲁玉

　　　　　李　康　徐泓钰　解绍伟　翟　敏

前言

产业工人队伍建设改革是习近平总书记亲自点题、亲自部署、亲自指导的重大改革，是党和国家一项具有战略性、全局性的重大决策部署。2017年《新时期产业工人队伍建设改革方案》出台以来，全国总工会履行牵头抓总职责，各级工会按照"政治上保证、制度上落实、素质上提升、权益上维护"的总体思路，大力加强产业工人队伍思想政治工作、构建产业工人技能形成体系、创新产业工人发展制度、强化产业工人队伍建设支撑保障，产改工作不断走深走实。

中国工会十八大胜利召开，产改工作进入新的发展阶段。2023年10月23日，习近平总书记在同中华全国总工会新一届领导班子成员集体谈话时再次强调，要深化产业工人队伍建设改革，加快建设一支知识型、技能型、创新型产业工人大军，培养造就更多大国工匠和高技能人才。在中国工会十八大上，蔡奇代表党中央致词指出，要深化产业工人队伍建设改革，落实思想引领、建功立业、素质提升等各项措施，健全技能形成和职业发展体系。全国总工会主席王东明在工会十八大报告中指出，要深化产业工人队伍建设改革，充分激发产业工人的创造精神和奋进力量，为建设现代化产业体系作贡献。新修订的《中国工会章程》增写了产业工人建设改革内容。这些重要指示和工作安排，为我们做好产业工人队伍建设改革提供了根本遵循和行动指南。

中国机械冶金建材工会高度重视产业工人队伍建设改革工作。2017年9月颁布《中国机械冶金建材工会关于贯彻落实〈新时期产业工人队伍建设改革方案〉的实施意见》，提出本系统全面贯彻落实的具体措施。此后在2021年7月发出《关于全面推进机械冶金建材系统产业工人队伍建设改革工作的通知》，产改工作深入推进。目前产改工作在全委 163 家企业委员单位已全面铺开，按照有组织领导机构、有贯彻落实方案、有资金投入、有平台载体、有责任分工和绩效管理、有阶段性成果标准，形成了一批可借鉴、可复制、可推广的先进经验。

近年来，中国机械冶金建材工会不断构建和完善产改工作平台、载体、机制、路径和生态，推动产改在全行业扩面、提质、增效；围绕中国式现代化建设和行业经济高质量发展，广泛深入持久开展行业劳动和技能竞赛，发挥劳模和工匠人才示范带动作用，建设学习型组织，持续深化群众性技术创新活动，努力打造高素质产业工人队伍。同时，各企业切实贯彻"人民至上"理念，充分发挥产改主体作用，加大人力资本投资，提高一线工人待遇，建立技能人才激励机制，完善技能形成体系，拓展职业发展通道，着力提高职工的收入和生活品质，提升产业工人的获得感、幸福感和安全感，涌现出一系列具有产业特色和示范意义的经验和做法。2022 年 9 月，中国机械冶金建材工会评选出了首批产业工人队伍建设改革优秀示范单位，并将其经验汇编成册，结集出版。一年来，各企业委员单位和各级产业工会组织进一步总结行业产改经验，在实践中不断推出"升级版"，推进产业工人队伍建设改革向纵深发展。在产改实践中，原有的先进经验进一步深化，并在此基础上产生了许多更新更好、更有示范推广意义的经验与做法。在全国机械冶金建材系统产业工人队伍建设改革现场推进会召开之际，我们将一年来涌现的"新版"产改经验再一次结集汇编，希望各单位互相学习、互相借鉴，共同提高，进一步推进产改工作走深走实。

新时代新征程赋予产业工会光荣而艰巨的使命，召唤产业工人谱写壮丽而崭新的篇章。路虽远行则将至，事虽难做则必成。中国机械冶金建材工会将不断深入推进产业工人队伍建设改革，努力造就一支有理想守信念、懂技术会创新、敢担当讲奉献的宏大的产业工人队伍，为以中国式现代化全面推进强国建设、民族复兴伟业而团结奋斗。

编者
2023 年 11 月

目录

第一部分　省市产业

围绕产业特色　搭平台建机制　推进产业工人队伍建设改革走深走实　　002
北京市工业（国防）工会

竞赛搭台职工提技　素质赋能高质量发展　　008
重庆市机械冶金工会

勇于探索实践　积极担当作为　努力推动产业工人队伍建设改革
向纵深发展　　013
山东省国防机械电子工会

"五项赋能"助力产业工人"加速跑"　　019
山东省建材工会

深化改革　开放提升　为助力高质量发展　促进共同富裕
贡献产业工人力量　　024
浙江省建设建材工会

发挥工会组织优势　推进产业工人队伍建设改革　　030
贵州省机械冶金建材工会

发挥劳模工匠创新智库作用　推动产业工人队伍建设改革提质升级　　036
大连市机重石化电信工会

找准主攻方向　创建有效载体　持续赋能产业工人提"智"增"素"　　041
长春市机械制造业工会

第二部分　机械行业

塑匠心　育匠才　出匠品　以技能提升为抓手深化产业工人队伍建设改革　　048
东风汽车集团有限公司

"12572"职工素质提升体系下的产业工人队伍建设改革新路径　　054
哈尔滨电机厂有限责任公司

加强产业工人参与治理和权益维护　搭建职工队伍技能跃迁创新平台　　060
上海汽车集团股份有限公司

畅通技能人才职业发展通道　深化产业工人队伍建设改革　　066
上海市机电工会

深化产业工人队伍建设改革　在振兴民族装备制造业的伟大实践中
建功立业　　072
广西柳工集团有限公司

完善职业技能体系　致力员工共同富裕　　078
浙江吉利控股集团有限公司

持续优化"五个头"发展平台　助推产业工人队伍建设改革　　082
陕西汽车控股集团有限责任公司

第三部分　钢铁行业

搭平台建机制　强培训提素质　构建和完善产业工人技能形成体系　　088
陕西钢铁集团有限公司

弘扬"鞍钢宪法"精神　深化产业工人队伍建设改革　创建世界一流企业　093
鞍钢集团有限公司

以推进产改为抓手　增强职工主人翁地位　　099
南京钢铁联合有限公司

产改赋能　共铸力量　建设新时代高素质钢铁产业工人队伍　　104
湘潭钢铁集团有限公司

深入推进产业工人队伍建设改革　为重振雄风、做强包钢提供强有力的人力支撑　　110
包头钢铁（集团）有限责任公司

深化产业工人队伍建设改革　汇聚建设世界一流企业磅礴力量　　115
酒泉钢铁（集团）有限责任公司

持续推动产业工人队伍建设改革　筑牢中冶集团高质量发展的坚实基础　　121
中国冶金科工集团有限公司

第四部分 有色金属行业

争当主人翁 奋进新时代 为加快建设世界一流企业而努力奋斗 130
中国有色矿业集团

谋划好产改"一盘棋" 持续提升产改质效 136
中国铜业有限公司

构筑产改工作新高地 启动创新驱动强引擎 为企业高质量发展蓄势赋能 142
中国二十二冶集团

迈向集团化、国际化 与企业发展"同频共振" 紫金特色的
产业工人队伍建设改革 148
紫金矿业集团

深化产改"三统一" 聚力打造推动高质量发展四个新高地 153
东北轻合金有限责任公司

坚持"五筑" 提升"五力" 推动产业工人队伍建设改革取得实效 159
江西钨业控股集团有限公司

构建素质提升新生态 锻造高质量发展新队伍 166
河南豫光金铅集团

第五部分　建材行业

凝心聚力　改革创新　打造高质量产业工人队伍　　　　　　　　174
中国建筑材料科学研究总院有限公司

实施"五力"工程　激发职工活力　推动产改工作走深走实　　　180
泰山玻璃纤维有限公司

实施"1234"工作法　深入推进产业工人队伍建设改革　　　　186
河南中联同力材料有限公司

改革完善技能人才评价制度　推动科研和技术创新工作蓬勃开展　192
内蒙古蒙西高新技术集团有限公司

汇聚产改力量　赋能创新发展　　　　　　　　　　　　　　　198
蒙娜丽莎集团股份有限公司

赋能高质量发展　鸿翔环境产业改革创新向纵深推进　　　　　206
鸿翔环境科技股份有限公司

用激情唱响新时代的产改之歌　　　　　　　　　　　　　　　210
江苏东浦管桩有限公司

第一部分

省市产业

围绕产业特色 搭平台建机制
推进产业工人队伍建设改革走深走实

北京市工业（国防）工会

北京市工业（国防）工会是北京市总工会八大产业工会之一，现有46家直属单位，1200多家基层工会组织，会员34万人。北京市工业国防系统涉及工业制造、能源化学、机冶建材、供热供电、铁路交通、电子信息、轻纺工美、航空航天、生物医药等现代制造业和民生保障行业，是首都国民经济发展的重要支柱，是实体经济的主战场，是产业特色最鲜明、产业工人最聚集的领域。

《新时期产业工人队伍建设改革方案》实施六年以来，中共中央、国务院，全国总工会出台了一系列政策文件，召开了一系列推进产业工人队伍建设改革的重要会议。北京市先后开展了近50个项目产改试点工作，全方位推动产改工作向纵深迈进。北京市工业（国防）工会根据市总工会统一部署，遵循"政治上保证、制度上落实、素质上提升、权益上维护"的总体思路，紧紧围绕本产业特色，聚焦主责主业，从"思想引领、素质提升、维权服务、机制建设"等四个方面入手，搭平台建机制，多措并举，精准发力，在产业工人队伍建设改革中迈出了坚实步伐，取得了积极成效。

一、建机制，强化思想政治引领，夯实产业职工听党话跟党走的思想根基

顺应疏解非首都功能、产业转型升级、疫情防控给劳动关系和职工思想带来的变化，依据北京市关于加强和改进产业工人队伍思想政治工作的要求，积极探索加强和改进新时代产业工人思想政治工作新方法新路径。一是通过组织职工参与新中国成立70周年、建党100周年、冬奥会、第二届大国工匠创新交流大会暨工匠论坛等重大活动，广泛开展爱国主义教育、党史工运史学习教育和"中国梦·劳动创造幸福"主题活动，引导职工把参与重大活动迸发出的爱国热情转化为强大工作动力。二是组建劳模协会宣传教育界别小组，成立劳模工匠宣讲团，以公益大讲堂等方式，走进企业、走进车间、走进班组，紧密联系职工思想和工作实际，以职工听得懂的话语、易接受的形式，宣讲劳模精神、劳动精神、工匠精神，激发广大职工学劳模、当先进。三是举办年度微视频大赛，拍摄劳模、工匠专题片100余部，在北京电视台等主流媒体和全总、市总多个新媒体平台持续展播，占领主阵地、弘扬主旋律。四是通过开展参观红色教育基地、文艺汇演、演讲征文、书画摄影等年度活动，组织职工重温党的光辉历史，赞颂伟大建设成就，弘扬伟大建党精神，打牢共同奋斗的思想政治基础，凝聚起团结奋进的磅礴力量。

二、搭平台，着力提升职工技能，赋能产业工人主力军作用发挥

（一）大力推进产业工人队伍建设改革试点工作。成立各级产改工作领导小组，制定产改工作方案，指导本系统2批8个项目试点，围绕产业工人思想政治引领、创新工作室联盟、劳动和技能竞赛、劳模工匠精神培育、产业工人技能评价激励机制、创新职工收入分配机制等专项内容先行先试，形成了一批有针对性、可复制的经验、做法，在全系统宣传推广，以点带面，推动产改工作向纵深迈进。紧贴系统内班组建设发展不平衡不规范等现状，开展班组建设试点工作。制定《班组建设试点工作方案》，提出建立组织领导体系、管理制度、班组长培训、安全班组措施、激励办法和班组建设创新点等"6个1"目标，明确加强思想建设、基础建设、创效建设、班组长建设、安全建设和激励机制建设6项任务，召开班组建设产改试点启动仪式暨班组建设经验交流会，按时间节点督导推进。

（二）开展创新工作室联盟创建活动。制定下发《创新工作室联盟建设方案》，整合创新工作室资源，建立跨区域、跨行业、跨专业创新工作室之间协作关系，建立创新工作室联盟。召开现场会部署推进，中国机械冶金建材工会主席陈杰平出席会议并为首批9对创新工作室联盟授牌。发挥各创新工作室特长，联合开展技术攻关、技能培训、科学研究和管理创新，实现"聚合效应"，贯通企业创新链、产业链和服务链，全面提升创新工作室创新创效质量和水平。

（三）加强职工创新工作交流。总结职工创新典型经验，编辑下发《职工创新工作交流》，供各单位学习借鉴。首钢职工创新节、航天一院千人千题项目、原子能研究院创新创造创效大赛、北京长安汽车职工创新节、北汽点线面体创新联盟等经验受到广泛好评。举办年度职工技术创新成果展暨创新工作经验交流会，征集制作职工创新成果宣传视频120项，在线上线下展播展示；征集优选职工创新工作典型案例114项，汇编成册下发交流互鉴。开发创新工作室线上小程序，为全系统1083家创新工作室搭建便捷的交流平台。

（四）广泛开展劳动和技能竞赛。围绕重大战略、重大工程、重大项目和企业生产目标任务，开展"建功'十四五'、奋进新征程"主题劳动和技能竞赛。督导各单位承办、参加全国职工职业技能竞赛、大工匠挑战赛和行业技能大赛，开展岗位练兵、技术比武、技术创新等竞赛活动。协助系统内企业承办全市数十个工种的技能大赛，助力职工技术技能水平提升。承办北京市职工职业技能大赛暨首届盾构机操作工大赛，协办建筑信息模型技术员（BIM）技能竞赛。在第七届全国职工职业技能大赛中，工业国防系统职工取得两项个人第一名、两项个人第二名、一项个人第四名；团体项目取得第一、第二、第三名各一项的优异成绩，创历史最佳。在北京市共评选出的40名"北京大工匠"中，工业国防系统17人光荣入选，占比42.5%。

三、创载体，紧贴职工需求服务，提升职工获得感幸福感安全感

（一）扎实做好维权维稳工作。开展年度职工队伍稳定风险排查化解工作，落实意识形态工作责任制，完善维权协调机制，建立健全信息员队伍和劳动关系领域政治安全工作专班，发挥"探头""前哨"作用，强化矛盾预警、调处化解，引导职工依法理性维权。持续构建和谐劳动关系，深入开展集体协商，强化行业协商，增加劳模工匠和技能人才薪酬待遇、疫情防护、健康安全等协商内容，提高行业协商的针对性、有效性，确保职工队伍和谐稳定，确保劳动领域政治安全。

（二）搭建服务职工项目平台。在成功实践的基础上，本着优质、优惠、便捷的原则，整合系统内时尚、一轻、同仁堂、金隅、北汽等5家企业近百家老字号的优质产品和成熟服务项目，建立产业工会级的"衣食住行"职工生活服务项目，为职工提供线上和线下生活服务，与市总12351App项目、各企业服务职工项目一道，构成多层级服务职工生活体系，为工会履行服务基本职责提供了重要抓手，促进职工生活品质提升，助力企业发展。强化服务阵地建设，挖掘系统内工业遗存、工业园区、商务楼宇等资源潜力，改建、扩建、新建18家户外劳动者职工之家和24家暖心驿站，贴近新就业形态劳动者群体，特别是广大户外劳动者需求，持续跟进服务。搭载12351平台购买观影赏剧服务项目，成立行业温暖基金，利用职工互助保障，帮扶救助因病因灾致困职工，建立梯度困难职工帮扶机制，精准认定、精准帮扶。创建劳模服务平台，结合工业国防系统技术技能型劳模、一线职工劳模多，普遍具有较高的专业技能或"一技之长""拿手绝活"，有较强的创新能力和较大的创新潜力等特点，为更好服务劳模、更好发挥劳模的示范引领作用，成立北京市劳动模范协会工业国防分会，组建创新创造、宣传教育、调查研究、服务职工、公益慈善等五个界别小组，

发挥各界别劳模优长，开展服务活动。

四、强规范，健全完善工作机制，助力各项工作高效有序运行

（一）扎实推进工会改革。贯彻强"三性"去"四化"要求，落实工会改革方案，健全完善集团级职代会制度，通过换届或届中调整，提高劳模、一线职工在工会会员代表大会、委员会、常委会中的比例，进一步完善工会组织体系和工作机制。建立完善产业工会主席办公会、常委会、委员会议事规则和决策制度，建立和委员单位共同开展学习培训、观摩交流、调研研讨、开展活动等日常工作机制，建立与政府主管部门、行业协会（商会）、龙头企业、各区总工会、市总机关部门协调协作工作机制，有效保障各项工作高效运转。

（二）完善组织运行机制。主动应对疏解非首都功能、央企外迁任务，在全总产业工会的支持下，协调完成中国星网、三峡集团、南方电网北京分支机构加入市总工会，吸纳为工业（国防）工会委员单位。按照联合制、代表制原则，经与市总组织部和全总相关产业工会协调争取，将在京中央军工企业中的航天一、二、三、五院和中核集团所属原子能研究院等5家单位吸纳加入工业（国防）工会委员会。组建汽车零部件、家具、食品加工、供热、工艺美术5个行业工会，加强与42家非公企业联系，建立由10人组成的集体协商指导员和行业工会工作者队伍，壮大产业工会工作力量，进一步增强工会组织的广泛性和代表性。

（三）健全调研机制。坚持源头参与，聚焦重点难点工作，规范日常调查研究工作。建立部门长效调研机制，统筹制定年度调研工作计划，确定主席、副主席年度领题调研负责制，定期定题赴基层调研，跟踪重点难点工作进展情况，及时研究制定改进措施，挂账督办推进。将调研中发现和提案征集中汇总的需要在市级层面解决的问题，借助人大、政协渠道协调推动解决。

北京市工业（国防）工会班组建设产改试点启动仪式暨班组建设经验交流会

北京市劳模协会工业（国防）分会成立大会

竞赛搭台职工提技　素质赋能高质量发展

重庆市机械冶金工会

近年来，重庆市机械冶金工会深入学习贯彻习近平总书记关于工人阶级和工会工作的重要论述，立足重庆老工业基地、制造业重镇实际，着力深化产业工人队伍建设改革、着眼推动经济高质量发展，以建设一支知识型、技能型、创新型产业工人队伍为重点，不断探索新时代劳动技能竞赛特点规律，以"奋进新时代、建功新征程"为主题，以企业班组一线职工和创新工作室为基础，广泛持续开展以QCC、"五小"等群众性创新活动为主要内容的劳动竞赛，开展以智能制造行业、仪器仪表行业、机电行业等为重点的"巴渝工匠杯""熔铸杯"等各类职工职业技能竞赛，搭建机械制造行业产业职工立足岗位提升素质、提升技能、献计献策、创新创效的舞台，汇聚产业工人投身高质量创新发展实践的智慧和力量。

一、创新竞赛机制，引领产业职工台前赛马

落实产改搭舞台。针对重庆制造业存在的职工素质提升渠道少、高技能人才少、重"精英"轻"草根"的实际情况，重庆市机械冶金工会认真贯彻全委、市总加快推进产业工人队伍建设改革有关要求，顺应职工成长需求、企业发展需要，把提素质、强技能的劳动和技能竞赛作为产业工会围绕中心、服务大局

的重要着力点，列为每年重点工作，在市总工会的统筹之下，坚持系统化规范化制度化开展劳动技能竞赛和群众性创新活动，得到了企业工会和企业职工的积极响应和广泛参与，得到了企业党政的高度重视和大力支持，搭建起了产业工会服务产业工人队伍、服务企业发展的载体平台。

各方联动聚合力。建立"市总工会统筹、产业工会主导、企业党政工力抓"三位一体的劳动竞赛组织新机制，将劳动和技能竞赛纳入市总工会网上劳动竞赛总盘子，成立产业劳动技能竞赛组织机构总协调，建立各企业"党政领导、工会主抓、部门协力、职工参与"的竞赛领导小组总负责，搭建企业为点、行业为线、网上为面全员参与竞赛新平台，形成"各负其责、各司其职、上下一体、整体联动"的劳动竞赛新格局。

线上线下建模式。充分运用网络化信息化手段，创造性构建"学、训、赛、评、宣"线上＋线下新时代劳动和技能竞赛新模式，充分依托重庆智能制造工匠学院培训＋产业工会购买专业机构服务指导，全面优化打造"职工学习、过程管控、知识管理、传承推广"一体化的全过程管控的劳动竞赛新形式，确保职工通过竞赛学习有收获、思想受启发、眼界得开拓、素质有提升、行动更自觉。几年来，竞赛由传统机械制造行业向微电子、智能制造等行业延伸，由公有制企业向非公有制企业延伸，从大型集团公司向中小企业延伸，企业覆盖面、职工参与率、点赞量逐年提高，基层企业覆盖率85%，产业一线职工参与率60%，职工点赞量超20万人次，营造了浓厚的比学赶帮超氛围。

二、着力素质赋能，激励产业职工岗位成才

以赛促学强本领。坚持将学习提升贯穿劳动竞赛全过程、作为技能竞赛必修课。产业工会在组织竞赛中始终把线上理论学习、线下头脑风暴、专家现场指导、典型案例分析等作为职工提素质、强本领的重要环节，以学增智、以学提技、以学赋能、以学促改，推动制造行业产业工人从"凭经验、靠感觉"变为"凭科学、靠理性"分析和处理问题，激发创新活力、挖掘创新潜能。近三

年,各基层企业的 3 万余名职工参与到"五小"劳动竞赛和 QCC 大赛各阶段学习,学习累计超 70 万人次。

成立联盟重引领。坚持发挥劳模工匠人才、创新工作室和技能大师工作室的"头雁"效应和传帮带作用。成立产业劳模和工匠人才创新工作室大联盟,印发《重庆市机械冶金工会系统劳模和工匠人才创新工作室(技能大师工作室)联盟工作暂行办法》,不断促进劳模创新工作规范化制度化,每年初集中发布工作室的合作需求清单,鼓励点单揭榜的工作室或合作企业之间的工作室互相成立特色小联盟或跨区域小联盟,促进产业的劳模和工匠人才加强交流、协作创新、联合攻关,充分发挥其在高技能人才队伍培养、企业创新创效、实现高质量发展中的示范引领作用。

健全激励增动力。认真贯彻中办国办《关于加强高技能人才队伍建设的意见》要求,不断健全竞赛激励机制,激发保护产业职工成长动力。通过线上线下全过程动态掌握企业参赛人数、学习情况、提出项目、立项实施、项目评审、产生效益等阶段数据、典型做法和重点成果进展情况,形成了一套有产业所属企业特色的劳动竞赛管理长效机制。根据职工技能要素贡献参与度和创新成果评审,设置优秀学员、优秀班组、竞赛成果、优秀个人等激励内容,对在产业及以上劳动和技能竞赛中荣获一等奖的选手可优先推评重庆五一劳动奖章,获得等次奖的选手以及成绩合格的选手,颁发高一等级职业技能等级证书。西南铝业集团、重庆川仪晶体科技公司还积极探索把竞赛结果与职工创先评优、技能等级认定、职称评定、绩效收入挂钩,把竞赛与职工成长成才路、薪酬收入、职业生涯发展渠道结合起来,更加有效地激发了职工参赛热情和学习创新动力。

三、坚持注重实效,推动企业职工共同发展

职工成才展风采。广泛持续的劳动和技能竞赛和群众性创新活动为制造业产业工人成长成才、展示风采提供了机遇,为常年在生产一线与机械设备打交道的基层一线职工从幕后走到台前提供了舞台,为他们由技变匠铺平了道

路,为企业培育培养了一大批知识型、技能型、创新型的一线产业工人。近年来,298名一线职工荣获重庆市网上劳动和技能竞赛创新创效之星,220余名产业职工在各类劳动和技能竞赛中获得等次奖及优胜奖;西南铝业集团职工陈丽芳、重庆中车长客公司职工高平分别荣获2021年、2022年"重庆市最美产业工人",重庆水泵厂有限责任公司高级技师周胡荣获"2020巴渝工匠年度人物",重庆川仪调节阀公司产品运维组、重庆气体压缩机厂有限责任公司页岩气压缩机开发部等2个班组被命名为全国机械冶金建材行业"创新百强班组"。

万众创新添活力。产业参赛职工立足岗位,围绕节能减耗、减小劳动强度等企业生产经营中的重点、难点问题,在技术创新、装备创新、管理创新、制度创新等方面献计献策献力,涌现出一大批创新创效能手,呈现出产业工人立足岗位献计献策、创新创效的新局面。西南铝铸造车间张波团队"某系大规格圆铸锭工艺开发及应用"攻关项目,有效解决了铸锭开裂难题,提升了国防军工材料性能;重庆通用工业有限责任公司吕为川团队成功研制永磁变频离心制冷机技术,为国产化永磁技术使用于大型船舰奠定了基础;重庆水泵厂杨海荣团队"泵盖支撑工装"将安全系数提升至100%;西南计算机有限责任公司姚翀团队研发的"某战术指控软件综合维护平台"获得了小发明的一等奖,此外,还有13项进口替代项目被全总和市总评为职工创新优秀项目。

企业发展增效益。产业组织的劳动和技能竞赛为广大职工施展聪明才智提供了广阔舞台,也帮助企业解决生产经营中的诸多难题,实现降本增效,经济效益明显。川渝机械制造行业QCC大赛申报的竞赛成果近400项,"五小"劳动竞赛申报的成果600余项,覆盖航天军工、水泵制造、物流储运、铝加工、压缩机生产、仪表仪器、齿轮制造、汽摩配件、汽车制造、微电子等多个领域,400项竞赛项目成果被纳入重庆市网上劳动竞赛展示项目,300个项目得到了实施,累计为企业创造经济效益近3亿元,在推动企业创新创效、加速制造业"智变"升级、推动重庆实现高质量发展发挥了积极的助力作用。

"巴渝工匠"杯重庆市第十一届青年职业技能大赛（机械制造）暨重庆市第十届制造行业（机电集团）职工职业技能大赛数控车工项目实操竞赛现场

重庆市机械冶金工会学习宣传贯彻党的二十大精神专题会议暨产业队伍建设改革推进会

勇于探索实践　积极担当作为
努力推动产业工人队伍建设改革向纵深发展

山东省国防机械电子工会

山东省国防机械电子工会涵盖国防、机械、电子信息三大行业，是省总工会确定的首批产改全面试点单位。近年来，省国机电工会立足产业工会实际，积极探索实践，在构建思想引领、技能形成、职业发展、创新创效、服务保障等方面发力突破，为助力全省国防、机械、电子行业经济高质量发展和产业职工的全面发展作出积极贡献。

一、把稳"方向盘"激活"动力源"，让思想政治引领深入人心

（一）强化理论武装。持续开展"中国梦·劳动美""永远跟党走·奋进新征程"等主题宣传教育活动。通过开展学习党的二十大精神宣讲比赛，组织劳模、工匠进校园，进企业宣讲，职工培训，主题阅读等多种方式，深入工厂车间、生产一线把党的中央精神宣传贯彻到产业工人队伍中去，切实增强对党的创新理论的政治认同、思想认同、情感认同。

（二）巩固主题教育成果。深入发掘企业红色资源，叫响"传承红色基因，助力制造强省"党建品牌，深入开展习近平新时代中国特色社会主义思想主题教育，加强基层调研，通过与基层单位联合开展主题党日等活动，引导职工群

众传承光荣传统，赓续红色血脉，汲取不懈奋斗的强大精神力量。

（三）强化典型引领。充分发挥劳模、工匠带动作用，率先评选行业工匠、数字技术工匠。利用齐鲁工惠等新媒体平台全方位宣传"行业工匠""最美职工"的先进事迹，用身边事感化身边人，形成良好的榜样效应，营造尊重劳动和尊重产业工人的浓厚社会氛围。目前带动企业选树齐鲁工匠、行业工匠2000余名。济南二机床集团通过制作展播各类先优代表，弘扬劳模精神、劳动精神、工匠精神，达到选树一批、带动一批、影响一片的目的。

二、搭建"练兵场"绘好"路线图"，激发产业工人创新创效活力

为提升创新力搭建多层次展示平台。省国机电工会以提升产业工人整体素质的"三服务"为目标设置竞赛内容，组织职工积极参加全国、省级行业、龙头企业和企业四级竞赛，为广大职工展示技能搭平台建舞台。

（一）服务中心大局。连续三年承办全国数控机床操作调整工、汽车发动机装调工、智能制造等工种竞赛。紧贴高端装备制造和新一代信息技术这两个"十强"产业，联合相关行业协会每年开展20多项省级示范性创先争优竞赛项目，其中山东省智能制造创新创业大赛已连续举办7届，形成一赛一展一论坛的"智造齐鲁"品牌。

（二）服务企业发展。统筹疫情防控、企业发展，选择急需工种领域，采取灵活多样方式开展技术创新竞赛，促进保就业、保订单、保产能、保产业链供应链稳定。2022年，山矿集团开展"向国庆献礼"劳动竞赛，确保了3.65亿元订货合同如期交货。

（三）服务职工需求。组织动员职工广泛参与技能竞赛风，提升技术技能水平和创新素质。浪潮集团广泛开展新员工英语TOEIC考试、职业规划大赛、蓝领英雄技能比武、软件研发岗编程技能比武等各工种、岗位劳动竞赛，让职工展技能，亮风采。打造高标准劳模和工匠人才创新工作室平台。充分发挥劳模工匠人才创新工作室学习研讨"大讲堂"、人才培养"练兵场"、示范带动"大

舞台"、技术成果"孵化器"的作用。联合70家省级创新工作室成立跨区域、跨行业、跨企业的劳模和工匠人才创新工作室联盟，为劳模和工匠人才搭建沟通交流、互助合作、联合攻关、成果共享的平台，推动"卡脖子"关键核心技术攻关。带动各级劳模和工匠、高技能人才创新工作室创建，总量现已发展到400余家。潍柴集团积极打造劳模创新工作室、职工创新工作站，建立规范化运转、成果转化应用、作用发挥、人才培养等方面的长效管理机制，各工作室累计投入设备、资金等达3220万元，完成技术创新项目373个，创造效益2.5亿元。促进职工创新创效成果转化应用。设立省国防机械电子行业创新创效服务站，对接省鲁班职工创新创效服务基地，及时推广行业内职工技术创新成果和供需对接，促进创新成果签约和转化，畅通创新成果对接渠道，实现创新提质效，创新促发展，近年来评选行业创新成果100多项，创造效益1亿多元，其中5项成果获全国奖励累计60多万元。

三、打破"天花板"架通"立交桥"，让职业发展通道更畅通

省国机电工会探索建立起产业工人成长成才激励机制，打破产业工人发展的制度性"梗阻"和身份壁垒，打造产业工人发展的立体化空间。

（一）拓宽职工职业发展通道。指导委员单位聚焦新时代人才强省建设目标任务，坚持以提升技能素质为关键，构建"双通道"体系，打破职工身份界限，破解管理与生产技术岗位之间的身份壁垒，疏通职工发展通道，助力产业工人成长成才。山推股份公司制定了《职工职业发展通道管理办法》《技能人才聘任管理办法》等一系列考核措施办法，打通各类人员职业发展空间，探索职工职级双通道管理模式。设置如院士、首席科学家、首席研究员等高层次、高水平的职位，鼓励职工专心致志搞好技术创新，避免了千军万马挤独木桥的现象。

（二）推动技术要素参与分配。出台《关于在全省国防机械电子行业普遍开展"能级工资"集体协商健全产业工人薪酬激励机制的实施意见》，建立健全产业工人创新成果、技能等级等按要素参与分配的机制，切实提高技术工人

的经济待遇和政治待遇。济南二机床集团工会参与推动按照"岗位、技能、负荷、业绩"四要素建立做优多得、奖优降劣的制度机制。潍柴集团设立技能绩效补贴，首席技师每月补贴2000元，高级技师每月补贴1000元，技师每月补贴500元。

（三）创新技能培训、鉴定制度。指导各级工会积极参与制定实施企业中长期教育培训规划和年度计划，常态化开展大学习、大培训、大练兵活动。不断提升竞赛的针对性和实效性，扩大覆盖面，提高参与度；带动多层级、多行业、多工种竞赛蓬勃开展，实现"以赛促学、以赛促练、以赛促建、以赛促改"，助推"齐鲁工匠""齐鲁行业工匠"等技能人才快速成长。滨州渤海活塞整合资源开展"职业培训+技能鉴定"模式，制定《初级工、中级工、高级工职业技能鉴定》和《技师、高级技师技能鉴定》管理规程，近两年依托公司职业技能鉴定平台，对涵盖五个工种的574名职工进行了职业技能鉴定。

四、打好"组合拳"当好"贴心人"，让产业工人生活更有品质

（一）持续提升维护产业工人合法权益实效。贯彻落实《关于提高技术工人待遇的意见》等文件要求，提高技术工人待遇。在行业内大力推行"一样本两指引"提升集体协商工作质效，推动能级工资集体协商等制度的普遍建立，建立职工工资正常增长机制。构建和谐劳动关系，按照省总工会部署，构建起"一纲四化"制度体系，为强省建设创造和谐稳定的发展环境。出台《国机电行业职工之家建设意见》，持续开展"双争"活动，每年在行业内选树10家职工信赖的职工之家，10名职工最可信赖的娘家人活动。烟台斗山工程机械公司工会"五家"建设保障职工权益落实落细，每月与公司行政召开例会，及时反映职工意见建议。

（二）持续提升产业工人生活品质。指导企业工会以职工需求为导向，开展幸福企业品牌创建活动。加强职工人文关怀，为职工设立心理咨询室、妈妈小屋，寒暑期、课后子女托管班，全力为职工创造和谐、舒适的工作生活环境，

不断提高职工幸福指数。

（三）持续提升服务产业工人保障水平。聚焦工会主责主业，推动解决职工群众急难愁盼等问题。推进工会帮扶赋能增效，常态化开展困难帮扶、大病救助、普惠服务，满足职工多样化需求，不断提升和谐企业建设水平，以"双争"活动为抓手，对标对表抓落实，积极推进工会规范化建设服务能力和水平。

全国机械冶金建材行业工匠学院 山东省国防机械电子行业工匠学院揭牌仪式

山东省国防机械电子工会举办山东省第二届汽车装调工职业技能竞赛

"五项赋能"助力产业工人"加速跑"

山东省建材工会

山东省建材工会以习近平新时代中国特色社会主义思想为指导,深入学习宣传贯彻党的二十大精神,在中国机械冶金建材工会和山东省总工会的领导下,重点围绕专题调研中发现的制约建材产业工人创新力提升的问题,结合全省建材产业发展实际和行业特点,探索实施了政治引领、技能竞赛、工匠精神、素质提升、考核评价等"五项赋能"工作法,助力广大建材产业职工"加速跑",取得显著成效。

一、政治引领赋能,让产业工人创新有方向

通过开展一系列学习活动、打造一个教育基地、擦亮一个党建品牌的"三个一工程",为产业工人创新凝心铸魂。一是开展学习宣传贯彻党的二十大精神和主题教育系列活动。结合"我的业务我来讲"、专家授课、一线宣讲等多种方式深入宣讲,确保系统干部职工学深悟透、学以致用。把深入开展学习贯彻习近平新时代中国特色社会主义思想主题教育作为重大政治任务,与推动工会中心工作、大兴调查研究、解决职工群众急难愁盼问题有机结合,用高质量工作成效检验主题教育成果。二是深入打造山东建材职工党性教育示范基地。在试点基础上,积极培育山东东华科技有限公司"党建带工建,工建服务党建"

的典型做法，打造集党员教育、党性体检等多功能于一体的"山东建材职工党性教育示范基地"。今年前三季度，分批组织 30 多家委员单位 100 余名职工到基地参观学习观摩，促进党性修养不断提高。三是擦亮省建材工会党支部"践行新发展理念的战斗堡垒"党建品牌。组建 10 余名执业律师构成的山东省建材工会法治志愿服务团，开展法治服务 1200 余人次。到济南市西张（民族）小学开展"帮扶送教育"活动，让黄河岸边的民族职工子弟感受工会温暖。通过以上率下的党建引领，激发广大产业职工的干事热情。

二、技能竞赛赋能，让产业工人创新有平台

紧紧围绕《山东省产业工人队伍建设改革"十四五"规划》《山东省建材工业"十四五"发展规划》部署要求，在建材行业广泛开展"建功'十四五'、奋进新征程"主题技能竞赛。一是连续 5 年组织开展全省建材行业职工技术革新竞赛活动。面向建材系统职工全员发动，组织济南大学专家专业化评审，实现参与大众化和竞赛专业化的有机融合。截至目前，竞赛项目超 800 个，涉及技术改造、技术开发、技艺工法等类别；累计申报技术革新项目 530 余个，获奖 300 余个，产生直接经济效益超 6 亿元。二是积极参加全国建材行业职工网上"双碳"知识竞赛。将组织参加此次竞赛作为年度重点工作任务，在海选初赛的基础上，组织 4 家参加决赛企业封闭集训，邀请有关专家予以专业指导和模拟练习。赴京参加决赛，中国建筑材料工业地质勘查中心山东总队荣获团体二等奖、平邑中联水泥等三家单位荣获团体三等奖，创山东省建材工会组织参加同类竞赛最好成绩，展示了新时代山东建材系统职工的优良精神风貌。三是举办全省建材行业绿色低碳高质量发展技能竞赛。4 月，积极争取将竞赛纳入了 2023 年度 100 个山东省职工"聚力强省建设 建功高质量发展"创新创优劳动竞赛项目。7 月，作为参加全国建材行业职工网上"双碳"知识竞赛的热身赛，8 支代表队在山东青州进行了决赛，用实战践行新发展理念，检验创新工作成果。

三、工匠精神赋能,让产业工人创新有灵魂

在全系统努力营造崇尚工匠、争当工匠的浓厚氛围,先后选树"齐鲁大工匠"温广勇,"齐鲁工匠"殷博等30余名工匠型高技能人才队伍,带动建设"鲁碧工匠""东华工匠""金晶工匠"等一批叫得响的建材工匠领军人才,先后有7名产业工人获山东省五一劳动奖章,10名产业工人获得山东省技术能手称号。初步形成了由"齐鲁大工匠""齐鲁工匠""齐鲁建材工匠"等1300余名高技能人才组成的"雁形阵"工匠人才队伍。鲁南中联孟祥伦劳模创新工作室精挑细选"精兵强将",成立了40名成员组成的电器、机械、工艺和新材料4个创新小组,以创新为主题,以节能降耗、技术革新为课题,助推绿色低碳发展。2018年成立至今,工作室征集创新提案167个,主抓的技改项目获省级以上荣誉23项,获得中国建材集团荣誉37项,获国家知识产权局专利25项。枣庄中联借助"齐鲁工匠"刘鑫创新工作室解决技术难题100余项,培养市级"鲁班工匠"40名。今年下半年,还将开展第四届"齐鲁建材工匠"推荐评选和全省建材行业"最美职工"选树活动。

四、素质提升赋能,让产业工人创新有底气

山东省建材工会指导企业细化培训课程,注重提升产业工人在创新中解决实际问题的能力。一是实施产教融合。山东鲁碧建材有限公司建立全员培训机制,编制了全工种教材。青州中联、德州中联等企业先后与中国建材研究总院、济南大学、武汉理工大学、合肥水泥设计院等行业内具有国际领先技术的科研院所展开合作,设立教学基地,多渠道推进研究成果转化。两年来,青州中联申报专利18项,专利实施转化18项,为公司高质量发展提供强大智力源泉。针对水泥企业集中的特点,通过举办联席交流论坛等形式,山东省建材工会还指导部分委员单位制定了《业绩梯队标准》《责任与内控监督体系》等培训课程,取得了显著效果。二是利用泛微平台做好"互联网+"。山东华建铝业集团

有限公司通过走出去、请进来和线上线下相结合的方式，充分发挥华建职业培训学校的师资和设施优势，帮助一线职工继续学习改造提升路径，使职工理解华建文化，在学习过程中激发创新潜能、工作技能和管理水平，形成了华建特色的技能人才培养新模式。三是打造复合型高技能人才培养平台。开展一岗多能培训学习，培养员工练成多面手，具备"七十二变"新技能。青州中联、曲阜中联与人社等部门联合开展"人才技能评定"，150余名员工在完成本岗位工作之余，还熟练掌握了电工、焊工、检验等专业技能，并考取了相关资格证书。

五、考核评价赋能，让产业工人创新有奔头

充分发挥考核评价"指挥棒"作用，激发产业工人创新创造热情。一是指导建立健全评价激励体系。在物质、荣誉两个层面进行奖励激励。山东鲁碧建材有限公司对省市级技术比武前三名、连续2届获得"鲁碧工匠"称号的职工，发放一次性奖励并晋升一档岗位工资。他们还出台了《劳务派遣工身份置换暂行管理办法》，打破劳务派遣工与合同制职工身份界限，对217名获得相应荣誉称号、考取技师以上职业资格、测评优秀等次以上的劳务派遣工实施身份置换，贯通人才发展渠道。二是开展争先创优活动。泰山中联、山东东华科技等企业以创高、创新生产指标考核为契机不断提升生产效率，改善设备安全性能。目前，泰山中联荣获发明专利1项，申报中国建材集团技术革新奖14项。三是强化考核结果运用。建材系统各单位充分运用自主评价结果，严格兑现技能工资待遇，极大地激发了基层技能人才练技成长的积极性和主动性，有效提升自主评价效能。截至目前，泰山玻璃纤维有限公司累计评价初级工4900余名、中级工3000余名、高级工530余名、高级技师60名，5400余名职工取得职业技能等级证书并领取了技能提升补贴，评价后调整兑现技能工资人均涨幅50~200元，实现了评价晋升与薪酬激励无缝衔接。

山东华建铝业产改力促扩能增效,万吨挤压机作业现场

山东省建材行业绿色低碳高质量发展技能竞赛现场

深化改革　开放提升
为助力高质量发展　促进共同富裕
贡献产业工人力量

浙江省建设建材工会

近年来，浙江省建设建材工会深入学习贯彻习近平新时代中国特色社会主义思想，在中国机械冶金建材工会和浙江省总工会的领导下，积极落实"政治上保证、素质上提高、权益上维护、制度上保障"要求，坚持思想政治引领、坚持竞赛培训并进、坚持关心关爱落地，以浙江成为深化非公企业产改全国试点为契机，连续3年召开推进全省非公企业产改现场推进会，稳步推进产业工人队伍建设改革工作，有力促进高质量发展建设共同富裕先行和省域现代化先行。

一、坚持思想政治引领，动员广大产业工人坚定不移听党话、跟党走

思想政治建设是加强和改进产业工人队伍建设改革的首要任务。我们始终以习近平新时代中国特色社会主义思想统领产业工人思想政治工作，以多种方式多种角度，加强产业工人理想信念教育，引导产业工人立足岗位激发工作热忱，保障产业工人主人翁地位，动员产业工人坚定不移听党话、跟党走。

（一）用科学理论武装头脑。扎实开展"不忘初心、牢记使命"主题教育，

在产业工人中培育和践行社会主义核心价值观。邀请专家学者开讲"'八八战略'的思想与实践",让产业工人不断增强"四个意识"、坚定"四个自信"、做到"两个维护"。发动员工参与线上线下的"浙工悦读"和"网聚职工正能量,争做中国好网民"等活动,推进企事业单位新时代文明实践阵地建设和群众性精神文明创建。贯彻落实新时代党建带群建工作要求,推动建有党支部的项目工地建立工会组织,同时配合建设主管部门做好"红色工地"创建。直属企业工会结合实际,突出重点,丰富活动的形式和内容,打牢红色桩基,激发一线工人昂扬斗志。

(二)深化"中国梦·劳动美"主题教育活动。开展"红色建设者、助力亚运会"读书活动,举办以"读书人生——美学鉴赏"为主题的分享会,牵头在全国职工书屋——浙江省建科院建瓴阁开展"玫瑰书香 悦读悦美"读书活动。充分利用工会女职工赋能成长师资,共同谋划"巾帼心向党 聚力建新功"主题活动,通过专题学习、辅导报告、培训班等多种形式,引导女职工始终在思想上政治上行动上同以习近平同志为核心的党中央保持高度一致。

(三)广泛开展劳模工匠宣讲活动。加强对职工思想政治引领,把新时代职工思想政治工作贯穿于工会工作各方面、全过程,引导职工听党话、跟党走。用好红色工运资源等鲜活教材,建强劳模工匠理论宣讲团和80、90、00后优秀青年工会干部宣讲团等师资队伍,持续推进习近平新时代中国特色社会主义思想和党的二十大精神进企业、进校园、进工地、进社区,和大家分享劳模工匠的成长历程和对劳模精神的理解,引导广大青年学生走好成长成才道路。

(四)试点先行推进非公企业产业工人队伍建设改革。在省级产业工会中率先以70余家非公特级企业为切入点,联合浙江省建筑业管理总站、省建筑业行业协会多次召开全省非公企业产业工人队伍建设改革工作推进会,并将历年来有关产业工人队伍建设改革工作的政策文件汇编成册,鼓励企业结合《关于加快培育新时代浙江建筑产业工人队伍的实施意见》,因企制宜推进产改工作。积极参与国企带民企活动,完成上报浙江省非公企业产业工人队伍建设改革首批试点国有企业联系工作方案和三家非公企业产改工作方案，在推广国企推进产业工人队伍建设改革先进经验的同时，学习借鉴非公企业的好经验好做法，共同推动浙江省产改举措在更大范围落地见效。

二、坚持竞赛培训并进，有效提升广大产业工人技能素质

提升产业工人技能素质是加强和改进产业工人队伍建设改革的关键举措。我们始终聚焦浙江经济建设主战场，面向一线产业工人，以提升产业工人技能素质、推动企业技术创新为重点，广泛开展劳动技能竞赛、职业技能培训，激发岗位练兵热情，鼓励创新创造创效，助推产业发展动力。

（一）广泛开展劳动技能竞赛活动。以浙江工会助推高质量发展建设共同富裕示范区立功竞赛列入全国工会"十四五"引领性劳动和技能竞赛为契机，围绕浙江省建设领域重大工程、重大项目、重点产业，持续组织开展长三角区域一体化发展城乡建设示范性劳动和技能竞赛活动，基层企业踊跃报名参赛，每年上报近百个项目，参加的企业有在浙央企、地方国有企业和民营企业。多次承办长三角一体化发展城乡建设全国引领性劳动和技能竞赛推进会，每年开展省级建设建材领域重要工种的职业技能竞赛30多项，积极申报浙江"金蓝领"荣誉称号，在全省城乡建设广大职工中掀起了提升劳动技能、展示精神风貌的热潮。

（二）充分发挥劳模工匠技术引领。每年安排专项资金，用于补助发挥作用好的创新工作室，并在直属企业中开展劳模工匠创新工作室论坛，以此推动企业创建劳模工匠创新工作室，发挥劳模工匠的创新研究、专业专注、服务社会、示范引领作用，将创新工作室作为培养产业人才的平台、职工技术创新的平台和企业技术创新体系的重要组成部分。近年来成功创建省级高技能人才创新工作室15个，30多个企业级创新工作室获得专项补助；并依托这些平台开展"小革新、小发明、小改造、小设计、小建议"等各类群众性技术创新活动。结合产业实际组建一支以劳模工匠和高技能人才为中坚力量的工会服务队，积

极开展"劳模工匠助企行"专项行动,助力共同富裕建设;以"浙江建设工匠"为主体,推行"名师带徒"活动,开展"传、帮、带"工作,为浙江高质量发展培养更多高素质人才队伍。

(三)构建完善多维教育培训体系。督促基层工会重视企业层级的教育培训,推动落实企业依法足额提取职工教育经费,并按规定比例用于一线职工的教育培训。参与浙江省"农民工学历与能力提升行动",并安排一定的补助经费,鼓励产业工人主动进行学历文凭和技能等级提升。根据我省大力推进新型建筑工业化的发展趋势,依托浙江省建材集团产业化实训基地,面向全省建筑企业招收学员,开展装配式建筑产业工人装配技能(PC构件装配工)培训,共同提升我省装配式建筑领域的技能水平。多次开展"浙江建设工匠"和高技能人才综合素能提升培训,通过从技术走向管理、劳模工匠创新工作室的创建与管理等课程的学习,帮助他们做好角色转换,带领更多产业工人提升技能。

三、坚持关心关爱落地,确保广大产业工人合法权益得到切实维护

旗帜鲜明地维护职工合法权益、竭诚服务职工群众是加强和改进产业工人队伍建设改革的基本要求。我们始终坚持以产业工人为中心的工作导向,紧紧抓住产业工人最关心最直接最现实的利益问题,以增强产业工人获得感幸福感安全感为目标,认真履行职责,协助实现对美好生活的追求。

(一)用政治身份体现地位。鼓励基层工会积极向企业党组织推荐劳模工匠、技术能手、优秀员工等产业工人骨干作为入党优先考虑的对象,提高一线员工党员比例。如省建材集团建筑产业化公司,近几年发展的党员中一线工人占六成。安排优秀产业工人代表进入各级职代会、工代会以及工会领导机构,发挥他们来自一线又了解一线的天然优势,鼓励他们积极发声、建言献策,以实现好、维护好、发展好广大产业工人的根本利益。

(二)保障经济权益让产业工人有获得感。宣传、推动《浙江省工会劳动法律监督条例》及其实施细则的落实,联合省总工会法工部、省职工服务中心和

有关律师事务所走进企业、走进工程项目开展劳动用工法治宣传、"劳动法律体检"等活动；抓好全省产业领域"集体协商规划和质效评估三年规划"工作的落实，深化集体协商"要约行动"，推动工资集体协商精细化发展，并组队参加全省工资集体协商技能竞赛；规范信访、法律援助工作，切实维护产业工人以经济利益为核心的各项权益，促进产业工人队伍稳定发展。根据省总工会《关于深化推进集体协商要约行动助力高质量发展建设共同富裕示范区的意见》要求，经过梳理挑选和工作部署，20%的直属企业完成"能级工资"专项集体合同签订工作。

（三）做好职工疗休养、高温送清凉工作。每年组织优秀职工代表来杭州参加体检、休养活动；组织一线技术工人参加省总工会一线职工疗休养活动。每年组织全省浙江"最美建设人""浙江建设工匠"和先进职工代表开展疗休养活动，通过褒奖先进，推进疗休养工作全面开展。每年高温期间，安排专项资金慰问全省一线职工会员，包括一线项目管理和技术工人、户外劳动者等职工，为全省建材行业的职工们送去了"娘家人"的关心与关爱。

浙江省建设建材工会2022年召开浙江省非公建筑企业"聚产改力量 促共同富裕"现场推进会

2020年浙江省装配式建筑产业工人技能培训

发挥工会组织优势
推进产业工人队伍建设改革

贵州省机械冶金建材工会

中共中央、国务院印发《新时期产业工人队伍建设改革方案》以来，贵州省机械冶金建材工会在贵州省总工会党组的领导和上级产业工会的指导下，深入学习贯彻习近平总书记关于工人阶级和工会工作的重要论述，提高思想站位，推进产业工人队伍改革工作的思想自觉、政治自觉和行动自觉，把做好产业工人队伍建设改革工作作为学习贯彻习近平总书记重要指示的有力举措。以打造搭建展示平台、选树先进典型、服务困难职工的"助优工程"为抓手，在助推产业工人队伍建设改革工作中成效显著。

一、铺就新时代产业工人"成才路"

（一）加强思想引领。2019年7月，贵州省委办公厅、贵州省人民政府办公厅联合印发《新时期贵州省产业工人队伍建设改革实施方案》（以下简称《方案》），贵州省机械冶金建材工会及时组织产业各级工会学习《方案》精神。2021年10月，印发《贵州省机械冶金建材工会关于大力推进〈新时期贵州省产业工人队伍建设改革实施方案〉落实的方案》，就推动《方案》落实制定了具体措施，打造首钢水钢（评价激励机制试点）、贵州钢绳（职工幸福生活试点）、铝镁设计院（科研创新试点）、贵州铝厂（技能人才工程试点）、首钢贵钢（人才绿色通道试点）5个首批产改试点，其中首钢水钢被纳入贵州省总工会首批试点打造单位。

（二）提供人力保障。成立了以省机械冶金建材工会主席为组长、所属各企事业单位工会主席为副组长，具体工作人员为成员的产业工人队伍改革协调小组，推动《方案》落实。所属各企事业单位工会均已成立以企业党政主要领导担任组长的产改协调工作组。组织学习了一系列产改配套文件，在各企事业单位党政领导中提升本项工作的知晓率，推动落实。

（三）提供制度保障。一是推动部分企业建立技能人才自主评价制度。如贵州钢绳、首钢水钢、贵州铝厂等3家企业上报申请为贵州省职业技能等级认定机构（试点），并制定了自我评价机制、评价范围、评价对象等相关内容。多家企业按照政策规定落实与相应职称的比照认定制度，建立技能人才与专业技术人才贯通发展通道，促进两类人才深度融合。2023年8月召开了全产业工会和企业人力资源部门参加的职工职业技能自主评价政策培训解读会，聘请省人社厅技能鉴定考核中心专家作了全面推进职工职业技能自主评价理论和政策培训，四个企业作了自主评价和产业经验交流分享。二是提高产业工人经济待遇。首钢水钢、首钢贵钢、七冶集团、铝镁院、贵州正业、贵州铝厂、贵州钢绳、遵义铝业等8家企业对高技能领军人才试行年薪制等薪酬制，参照高级管理人员标准落实领军人才经济待遇，对在聘的高级工、技师、高级技师在学习进修、岗位聘任、职务职级晋升等方面，比照相应层级工程技术人员享受同等待遇。首钢水钢和首钢贵钢将技能等级和工资收入挂钩，贵州钢绳制订技师管理办法，被聘任的技师享受相应岗序的岗位工资和职务津贴。贵州铝厂建立了首席技师制度，享受相应级别的岗位津贴等。

（四）加强民主管理。从源头入手，落实以职工代表大会为基本形式的民主管理制度，坚持和完善职工董事、职工监事制度，每年组织企事业民主管理工作培训会，印发企事业民主管理工作文件汇编，民主管理工作进一步规范。督促用人单位将《贵州省企业工资集体协商条例》《贵州省劳动保障监察条例》等写入集体合同，保障产业工人与用人单位平等协商权利。

（五）提升工人素质。一是督促企业足额提取职工教育培训经费并合理使用，用于一线职工教育培训的比例不得低于60%。五年来，产业各级工会年均开展线上线下培训100场，一线职工参与率100%，参训人数达12万余人次。二是积极开展劳动竞赛、技能比武。连续举办产业职工职业技能省级二类大赛十八届，近三年来，通过多层级多层次组织和参与劳动竞赛，产业32人获贵州省技术能手称号，62人获有色冶金产业技术能手称号，25人职业资格得以晋升。三是开展各类学习培训。做到"网上练兵"产业全覆盖。将全产业一线职工纳入全国产业"网上练兵"范围，在50多个常用工种和知识类别中开展产业职工大练兵，近三年来，累计闯关270万人次，23人次获得10个工种全国第一名。首钢水钢、首钢贵钢公司连续3年有职工获得全国闯关前三名的好成绩。

（六）树立先进典型。一是选树产业"金牌工人""产业工匠"。已连续五届评选"金牌工人"和"产业工匠"，设定政治、理论、技术等择优评选的硬性条件，部分优秀一线职工脱颖而出，近三年共命名表彰30名"金牌工人"和30名"冶金工匠"，其中3名工匠被推评为贵州省五一劳动奖章。二是多层级打造精品劳模创新工作室。现有全总授牌3个、省总授牌12个、产业授牌60个、企业创建近300个劳模创新工作室。坚持每年企业级授牌培养20个以上，产业级择优授牌10个，向省总推荐优秀劳模创新工作室2个以上，各级工作室获省部级以上荣誉成果项目达400余个。三是打造"劳模创新工作室联盟"，形成以点带面的创新培训提升体系。以各级劳模为点，创新工作室作为线，以连线成面的"劳模创新工作室联盟"为引领，助推劳模创新工作室出创新成果，以上岗培训、岗位培训、专门培训和"师带徒"等形式加强职工技能素质培养，使技能提升行动在职工中实现全覆盖。

（七）弘扬劳模精神。一是做好劳模关爱关怀工作。连续两年为443名省部级以上劳模、省五一劳动奖章获得者及公司级生产先进购买贵州省职工医疗互助活动项目，免其后顾之忧。持续为全省40%以上省属国有困难企业劳模申报和发放全国省（部）级劳模专项补助资金，实地走访慰问年龄在80岁以上或生活存在特殊困难劳模30人次，共计发放慰问金8万元。近三年组织了500余名劳模先进和优秀技术工人参加疗休养活动。二是连续3年设立专项资金，用于培养和服务劳模。通过安全班组成果展、劳模创新工作室成果展的评比展示、"劳模上讲堂"活动进企业、进车间、进校园、劳模疗休养等活动，充分给予劳模、工匠展示空间，提升宣传广度和力度，在产业内厚植工匠文化。三是加强宣传，提升劳模工匠的影响力。近三年来，开展各层次、各种形式"劳模上讲堂"近1000场次，参与职工15万余人次，参与率90%以上。每年均与《劳动时报》《中工网》联合开设专栏，专版专题集中宣传劳模先进事迹，在职工中引起强烈反响。

二、打造新时代产业工人"升级版"

贵州省机械冶金建材工会以各试点单位为点，探索产业工人队伍改革路径，逐渐形成以点带面的、打造新时代产业工人"升级版"的联动机制，产业职工的政治经济地位稳步提高。5年来获评的贵州省五一劳动奖章、省部级以上劳模中，产业一线工人占比70%以上，贵州钢绳的周家荣同志兼职贵州省总工会副主席，贵阳铝镁院杨朝红同志兼任贵州省机械冶金建材工会副主席。多名工匠人才在工资待遇上得到了大幅提升。

（一）建立制度机制。首钢水钢党委制定一系列制度，发挥对产业工人的培养、评价、使用、激励和保障作用；贵州钢绳制定技能人才五年发展规划，5年里技能人才总量达到2550人，高技能人才总量达到751人，高技能人才占技能人才的比例逐步提高；贵阳铝镁设计院印发《人才梯队体系建设方案》，将人才分为中层管理者、经营管理者、专业设计者、科技研发者四个梯队来培育，通过职业培训、劳动竞赛、创新成果转化、薪酬奖励等方式，加强知识型、技能型、创新型产业工人队伍建设。贵州铝厂制定实施《"五级技师"激励制度》将技师分为首级技师至五级技师。首钢贵钢建立健全职工技能晋升自主评价体系，80% 的职工已成功注册人社部技能等级认证，共计获得 80 余万元的技能晋升补助，并在收入分配上挂钩，将长期坚守在生产服务一线岗位的高技能人才纳入党委联系专家范围。

（二）强化成果运用。通过产改，大量产业职工崭露头角。一是创新成果不断涌现。本产业 2021 年"五小"成果获省级职工优秀技术创新成果等次奖 9 个，创历年新高。贵阳铝镁院黄若愚团队参加第六届全国职工优秀技术创新成果交流活动，其主导研究的项目获全国优秀奖，获邀参加全总首届大国工匠创新交流大会展示；首钢水钢职工申请国家专利 107 项，已授权 42 项。被全国机冶建材工会命名"行业示范性创新工作室" 1 个、省总工会命名劳模和工匠人才创新工作室 3 个，2 个创新项目获贵州省总工会职工创新补助资金支持；贵州钢绳依托"国家级周家荣技能大师工作室"等大师级创新工作室，涌现出徐朝乾等"贵州工匠" 3 名、"贵绳工匠" 20 名。二是职工提素成效显著。通过多层级多层次组织和参加劳动和技能大赛，5 人获贵州省技术能手称号，20 余人获产业技术能手称号，20 人职业资格得以晋升。贵州钢绳陆萍参与起草、编写了 2 个钢丝绳国际标准，获省总推荐申报全国质量工匠；贵阳铝镁设计院获评"全国有色金属行业设计大师" 7 人、"省部级工程勘察设计大师" 1 人、"贵州省省管专家" 1 人，国务院政府特殊津贴 6 人，教授级高工 55 人。贵州铝厂通过"技能培训—技术比武—技能晋级"三位一体的技术工人快速成长通道，各类工种取证、晋级、涨薪人员达 500 人。三是产改助推企业发展。贵州铝厂在清镇打造了以贵州华仁新材料有限公司、贵州华锦铝业公司为中心的铝工业园，承接了贵铝氧化铝、电解铝产能转移，经升级改造，实现生产线提高约 1600 吨 / 人·年，年利润激增；遵义铝业立足自身优势，积极推进改革寻求突破，净利润同比增长迅速；遵钛集团公司将实现集钛冶金、钛材料加工、钛设备及钛标准件制造和相关配套产业于一体的集群集约集聚发展，实现从单一产品生产到复合配套产品生产的转变。贵州钢绳公司在遵义市南部新区东南大道与忠深大道交会处选址实施异地技改搬迁、建设新厂，实现企业技术改造升级。

贵州省机械冶金建材工会第十九届职工职业技能大赛

召开产业工人队伍建设改革推进会

第一部分 省市产业

发挥劳模工匠创新智库作用
推动产业工人队伍建设改革提质升级

大连市机重石化电信工会

大连市机重石化电信工会把充分发挥劳模工匠的引领带动作用、为劳模工匠搭建更大活动平台，作为推进新时代大连产业工人队伍建设改革的重要一环，以"劳模工匠创新智库"（以下简称"智库"）创建和发挥作用为抓手，推动科技成果向现实生产转化，为深化产业工人队伍建设改革、打造高素质技术工人队伍、推进产学研用一体化进程添动力增活力。

一、以激发"头雁效应"为重点，建设弘扬"三种精神"实体化阵地

（一）强化制度设计。制定出台《关于充分发挥"劳模工匠创新智库"作用，推进大连"两先区"高质量发展的实施意见》《大连市总工会劳模工匠智库管理办法》等系列制度规范，从人员管理、枢纽功能、传导政策、服务领域、交流研讨、组织保障等方面做出具体安排。同时，建立和完善智库运行模式和机制，实现了过程管理、规范运作。

加强队伍建设。依靠全国劳动模范、大国工匠毛正石、鹿新弟等人，重工行业筛选了224名各级劳模和高技能人才，按照职种和专业划心、装配钳工、焊接工、机械制造、电工等5个专业技能组。在此

基础上，逐步吸纳其他产业行业劳模工匠，以及市总工会职能部门、产业工会和市教育局、市人社局、市科技局、市"三创"中心、大连中华职教社等工作人员。截至目前，共吸纳385名职工加入智库。

（三）完善保障措施。为进一步增强"智库"成员的归属感，在市"职工之家"专设办公室，明确了专人、专场、专责，公布技术服务热线电话并进行"大连工业记忆"设计改造。"大连工业记忆"刊载大连开埠以来工业史上的典型事件和重大产品，增强了场景代入感和集体荣誉感。

二、以"六跨"服务为导向，完善服务实体经济枢纽型体系

坚持"跨区域、跨行业、跨企业、跨专业、跨工种、跨所有制"方向，开展"送政策、送培训、送技术、送成果"进企业活动，提高智库服务的覆盖面和实效性。

（一）攻关技术难题。采用"挂牌揭榜"方式，组织各专业、工序专家组团为企业开展专项技术攻关，并成立船体结构设计与建造行业、何桂红、华松光存储、机车动车产学研用等多个产业创新团组。发挥产业行业天然的共性和互补优势，组建中车系统和船舶系统两个"航母级"创新团组。与中国华能集团共建锅炉专业创新工作室联盟。截至目前，智库成员共攻关项目354个，破解技术难题268个，取得技术成果297个，获实用新型专利156个，发明专利46个，累计培训13.2万人次，创效和节约价值共计7.3亿元。

（二）推进精准对接。发挥"劳模工匠创新智库"枢纽作用，瞄准市场和企业需求，联合高校、科研院所、大中型企业，开展更高层次更高水平的"订单式"服务，以"产学研用"一体化项目工作，在关键核心技术攻关、解决"卡脖子"课题上贡献智库力量。截至目前，为大船集团、中国中车旗下的在连企业就27个项目进行深入对接，大连理工大学、大连交通大学等专家教授与企业达成对接协议，在推动关键核心技术攻关和解决"卡脖子"问题上迈出坚定步伐。

（三）强化技艺传承。成立产业工会讲师团，征集劳模工匠讲师团成员的课件113个，以"走下去、请上来""线上线下双轨制"模式，开展了网上"劳模工匠大讲堂""名师讲坛""工匠创新沙龙"等活动，到基层进行专业技能培训，培训833课时，受益职工36881人，师徒结对子1050对。探索新型学徒制的新模式，推动"名师带高徒"，发布"高徒招募令"，考核评选出36名带教师傅命名为"名师"，40名优秀徒弟命名为"高徒"。智库参与的"工匠精神协同化教育模式"项目获2022辽宁省职业教育教学成果一等奖。

三、以双向"五进"为载体，构建全链条式校企合作新模式

深入开展双向"五进"系列活动，即"精神传承进校园、双师对接进校园、工读轮换进校园、岗位定制进校园、协同课题进校园；实训基地进企业、岗位衔接进企业、创新团组进企业、专业名师进企业、协同攻关进企业"。

（一）推广校企互进。开展"匠心筑梦·技能兴连"主题活动，以担任学生德技辅导员、召开宣讲会、结对子等方式，组织优秀劳模工匠深入30多所职业院校进行劳模精神的宣讲。大连冰山集团采用委托培训培养的方式，在职业院校设立专题班。利用大船集团"工匠学院"和大连机车技师学院的资源和平台，服务"双师型"人才队伍建设，目前已有10名"智库"成员为530名学员授课。

（二）打造双师队伍。推荐7名大工匠面向学校开设13门课程，由学校自主选择，以约课方式开展送课进校园活动。积极探索职业院校教师进企业、进车间学习实操技术、提供理论指导的新途径，通过"角色"转换，丰富职业院校教师课程体系。

（三）推进岗位对接。针对新冠疫情防控期间企业招工难、开工难和职业院校毕业生就业难的问题，邀请中职、高职院校、"大工匠"和企业代表召开座谈会，并对学校毕业生状况、专业设置、科研成果转化及企业职工队伍状况、用工需求等进行了调查了解，先后征集发布岗位供需信息1万余条，促成就业意向

300余人。

四、以资源共享为抓手，丰富"智库"工作资源和手段

把产业工人队伍建设改革系统性、整体性、协同性的要求融入"智库"建设的全过程，最大限度地调动各方参与"智库"的资源供给和政策保障。

（一）强化政策传导。与市人社局、科技局、"三创"中心等单位实现政策体系对接，第一时间向"智库"成员普及和解读最新政策。有效发挥"智库"成员"头雁"作用，宣传推广惠民惠企政策，让更多产业工人了解、融入、享有政策红利，推动形成政策留人、事业留人的良好氛围。

（二）加强横向协作。充分利用全总"技能强国"平台和市"三创"中心资源，开办"劳模工匠沙龙"、录制"三创直播室"电视节目、制作网络小视频，通过新兴媒体大力弘扬劳模精神、劳动精神、工匠精神，开辟产业工人网上学习新平台。联合市"三创"中心、中华职教社等部门，开展《劳模工匠智库助力大连迈向"万亿GDP城市"》沙龙活动。

（三）拓展服务内涵。探索"学校企业双主体，学习实践相结合"新思路，建立"劳模工匠进校园"活动深化至"优秀学生拜师劳模工匠"新模式。拟为企业和职业院校牵线搭桥，采用委托培训培养方式，在职业院校设立专题班；利用大船集团"工匠学院"的资源和平台，服务"双师型"人才队伍建设；探索竞赛实训进校园，为我市在国际、国家和省级大赛提供人才储备。

在全系统开展劳动竞赛、技能比武和技能大赛,对获奖选手进行技术等级晋级、奖金和物质激励,营造"人人学技术,人人想进步"的"比学赶帮超"氛围

以大连市劳模工匠创新智库为依托,将相同行业或系统的企业凝聚在一起,大力打造行业创新工作室联盟,推动创新工作室(联盟)与驻连高校合作,促进创新项目转化和落地

找准主攻方向　创建有效载体
持续赋能产业工人提"智"增"素"

长春市机械制造业工会

长春市机械制造业工会管理企事业单位共98家,其中国有或国有控(参)股企业34家,民营企业50家,外资企业7家,台资企业1家,科研机构有4院2所。现有职工130784人、会员129875人。

产业工人队伍建设改革是党中央着眼巩固党的执政基础、实施制造强国战略、提高产业工人素质作出的重大决策部署。近年来,长春市机械制造业工会认真落实新时代产业工人队伍建设改革要求,聚焦产业工人最关心最直接最现实的利益问题,牢牢抓住深化产业工人队伍建设改革这条主线,坚持生产、生活、生态"三生共融"发展理念,在建载体、搭平台上下功夫,致力提高产业工人素质和待遇、畅通发展通道,精心打造"四个载体",聚力构建产业工会主动谋划、基层工会主动参与、企业行政主动支持、职工主动作为的工作格局,不断推动产改工作在全系统落地见效。

经过深入调研,我们感到基层工会苦于没有行之有效的载体将产改工作凿实,为此,机械制造业工会紧密结合实际,着重在创建载体上下功夫,把抓载体作为落实产改工作的有效措施。

一、深入开展"三型"(知识型、技能型、创新型)班组(团队)创建活动，全面提升产业工人队伍素质

班组作为企业生产的最小单位，也是产业工人队伍的最基础单元，运行情况直接关系企业管理水平和经济效益，更是产改工作能否落地生根的直接体现点位。为了最大限度调动班组成员的主动性和积极性，提升班组成员的技能水平和综合素质，我们提出了以"八有"为基本条件(有思想政治工作内容、有安全规章制度、有特色文化、成员学历有提升、成员技能水平有提高，技术职称有提升、有合理化建议征集、采纳、意见反馈记录、有技术创新成果)，经过基层工会推荐和产业工会考核，每年评选出100个优秀班组，作为产业工人队伍的"示范班"和"排头兵"。通过开展创建活动，鼓励班组(团队)积极适应新业态、主动掌握新技术，帮助企业打赢传统市场"突围战"和新型市场"转型战"，为深化产业工人队伍建设改革激活"班组引擎"。近三年，评选出300个优秀班组，红旗工厂制造部总装车间底盘工段底盘一乙班、吉林东光精密机械厂制造部装配工段航瞄班、长玲集团有限公司冲压大线班组、长春三友汽车部件制造有限公司焊装车间一班组等10余个优秀班组获得国、省、市"工人先锋号"荣誉称号。力争到2025年，全系统87家生产经营正常的单位都有优秀班组存在，以小单元的规范提升推动大队伍的建设改革。

二、广泛开展"我为国际汽车城建设献一计"合理化建议征集活动

集万人之智则得万人之力，为了充分调动全系统广大职工的主动性和创造性，使广大职工以主人翁的心态参与到地方和企业中心工作，服务经济发展大局，我们紧密结合汽车制造业生产实际，连年开展"我为国际汽车城建设献一计"合理化建议征集活动，鼓励引导职工立足岗位实际，聚焦汽车产业发展前景、转型升级、自主创新能力、产业链创新等十个方面，集思广益、献计献策，为国际汽车城建设贡献产业工人智慧。两年来，提出合理化建议150余万条，

节创价值近 30 亿元。每年，对"我为国际汽车城建设献一计"优秀合理化建议成果进行线上发布并推送给政府有关部门。

三、建立机械制造业劳模和工匠人才创新工作室联盟

为了充分发挥劳模、工匠的典型示范作用，打通上下游产业壁垒，实现 1+1>2 效应，在长春市高质量发展进程中贡献劳模工匠和技能团队能量。我们经过深入调研，充分整合全系统劳模工匠资源，整合全市 31 家装备制造业劳模和工匠人才创新工作室，于 2022 年 8 月 18 日成立了长春市机械制造业劳模和工匠人才创新工作室联盟。联盟成立后，相应建立了机械制造业职工专家库和助企服务队，在职工创新创效方面形成跨业跨界协同，增强供应链高端技术的自主可控能力，带动提升机械制造业产业工人整体业务素质，为行业发展、服务企业提供强有力人才支撑。同时，我们探索建立分厂级、车间级、班组级劳模和工匠创新工作室，打造劳模和工匠人才创新工作室集群，逐步吸纳新的各级劳模和工匠人才创新工作室加入联盟中。联盟成立后，确立了互联、互通、互帮、互学、互动、互促，工作室跨企业、跨行业、跨区域开展技术合作和重大项目联合攻关运营机制。产业工会、轮值主席组织联盟成员定期走访调研本系统企业，及时了解有关单位的困难、呼声和诉求，对一般性问题通过网上互动直接交流解决；针对复杂的具体问题，采取"点餐式"立项、"送餐式"攻关和挂牌督办的工作方式，组织联盟成员深入企业开展集体攻关。联盟定期组织开展问题会诊、合作攻关，共同申报创新项目等线下活动，交流技术成果、传递技能经验。组织成员单位相互参观教学，为企业文化的建立、管理的提升、技术的转型提供帮助与扶持，为成员企业打造精准的资源对接，切实为企业解决更多的实际问题。近一年来，联盟成员已发展到了 59 个，长春市机械制造业劳模和工匠人才创新工作室联盟成员各团队共完成职工技能培训 2 万余人次，解决生产难题 500 余项（其中助力盟成员自身单位以外的企业解决生产难题 50 余项），节创价值近 1 亿元。

四、创新竞赛模式,打通高技能人才成长"快车道"

为了以更加行之有效的载体落实"生产、生活、生态"理念,在全系统形成全心全意依靠职工办企业的浓厚氛围,切实落实全心全意依靠职工办企业的工作方针。我们探索实践了建立技能竞赛与劳动竞赛相结合、竞赛与企业生产实际紧密结合,竞赛结果与职工薪资待遇、职工职业规划密切挂钩的"双结合双挂钩"竞赛机制。通过在生产中赛、赛生产,"全年赛""赛全年"的常态化竞赛模式,打通技能人才成长通道。形成以市级技能大赛、行业竞赛为龙头、企业竞赛为主体、岗位练兵和技术比武为基础的分层次、分批次劳动和技能竞赛体系,激励引导职工通过提升技能素质提高生活品质。近三年,41名一线职工获得国、省、市五一劳动奖章;李凯军、李万君等12名一线职工被评选为"吉林工匠",210名一线职工被评选为"长春工匠"。29名职工通过市级和行业竞赛获得"长春市职工技术带头人"称号,442名职工获得"长春市高技能职工"称号,10人职业等级晋级,5人通过技能竞赛被授予"长春市五一劳动奖章",3家单位通过竞赛被授予"长春市五一劳动奖状"。

经过三年的探索,指导一汽集团、长客股份、东北工业集团等龙头企业持续深化产改,完成产改试点工作,并总结推广一汽集团坚持"三突出一强化"锻造高素质职工队伍;长客股份实施"技能强企"人才战略;东北工业集团多措并举,建设示范性高技能人才孵化基地等产改经验。这些具有示范性、创新性、可复制性的经验起到了很好的行业示范和带动作用,有力推动全系统企业深入推进产改工作。未来,我们将进一步在抓示范引领、分类指导、因企施策上下功夫,将深化产业工人队伍建设改革工作在全系统不断走深走实。

长春市机械制造业劳模工匠人才创新工作室联盟启动仪式

长春市2022年机械制造业钳工技能竞赛

第二部分

机械行业

塑匠心　育匠才　出匠品
以技能提升为抓手深化产业工人队伍建设改革

东风汽车集团有限公司

近年来，随着新能源、智能网联汽车时代的到来，汽车行业从劳动密集型产业向知识技术密集型产业转变，就业特点也逐步从装配人员向开发服务人员转变。东风作为传统的燃油车生产企业，目前正以"转型升级三年行动"为抓手，加快推进产品技术的绿色化、智能化转型，加快建设卓越东风和世界一流企业。公司工会认真贯彻《新时期产业工人队伍建设改革方案》，紧扣企业转型升级步伐，围绕汽车产业特点，以产业技能提升这个最大需求为导向深化产改，持续唱响"匠心造车、技能报国"主旋律，以新知识、新技术赋能职工，切实增强职工在激烈市场竞争中的制胜优胜能力，通过自身技能水平的迭代升级把"饭碗"牢牢端在自己手中，为推动公司转型升级、高质量发展提供了坚实人才保障。

一、厚植沃土塑匠心，强化技能提升源动力

一是高位推进下好"先手棋"。公司党委认真贯彻落实党的二十大精神和《新时期产业工人队伍建设改革方案》，每年专题研究技能人才队伍建设工作，定期解决突出问题，将高技能人才占比、东风工匠、一级高技能专家人数和公

司级技能阵地建设等指标纳入公司"十四五"人才规划。深化"双培工程"，加大技能人员党员占比，消除无党员班组，一线职工兼职上一级工会副主席达6人，形成党政工相互促进、有机融合、共创品牌的工作格局。

二是党工共建打造"双引擎"。公司工会发挥"党工共建"的互动效应，坚持党建"四大工程"引领、工建"五大行动"助力，以事业计划为龙头，将推进技能人才建设工作目标定量化、任务项目化、措施具体化、管理规范化、考核责任化，按照周、月、季、年的推进要求，实现集团及直属工会推进活动全覆盖，呈现出"党工共建"合力推进技能人才建设的生动局面。

三是评先表模唱响"主旋律"。以贯彻《湖北省人民代表大会常务委员会关于大力弘扬劳模精神劳动精神工匠精神的决定》为契机，通过文艺宣讲、阵地展示、网上引导等具象化宣传手段，促进"三种精神"深入基层、贴近职工，内化于心，外化于行。大张旗鼓评选表彰"东风工匠"，已连续评选两届，每次评选十大东风工匠，每人重奖20万元，在广大员工中产生了轰动效应。创建劳模大道、劳模班、劳模线、劳模厂，彰显东风劳模"群星效应"。广泛开展寻找"最美东风人""最美班组"等活动，激发职工比学赶超热情。抓住"五一"关键节点，连续多年成功举办"庆五一迎五四主题活动"，通过演诵、访谈、绝技绝活展示、微电影、情景剧等方式，吸引超200万人次在线收看，"匠心造车、技能报国"氛围日趋浓厚。

二、润物无声育匠才，强化技能提升保障力

一是创新政策激励。出台《东风公司技能人才激励指导意见》，完善职工工资与岗位等级、能力评估、业绩强关联的薪酬体制，探索并实践核心技术工人市场化定薪和参与员工持股。启动"众创中心"平台建设，鼓励包括技术工人在内的广大职工积极开展科技成果转化，分享收益。优化技能评估，修订职业技能等级管理办法，构建"一企一策"和"1+X"的技能评估体系，实现职业技能鉴定与能力评估体系并轨运行。畅通成长成才通道，形成"三层七级"技能

人员发展体系，坚持将职教经费的 60% 以上用于一线技能教育和培训。

二是创新培训路径。着眼于汽车行业"五化"以及智能网联、新能源汽车发展，强化技能转型升级。创新技能大赛组织方式，建立三级"百工种"竞赛管控体系，在传统竞赛领域增设项目管理、班组建设、外语应用、市场营销、工业机器人、CAE 计算机辅助设计等新项目，实现了技能大赛从生产制造向管理提升、引进消化向自主研发、传统技能向核心技能、培养高技能人才向培养国际化人才的"四个延伸"。近年来在全国乃至全球举办的各种高端技能大赛中，公司参赛选手共夺得 178 个奖项。创新培训模式，加大数控、新能源电工基础等培训力度，充分运用合作伙伴培训资源，开展高技能人才海外研修。深化校企合作，实现公司 42 个职业标准、65 个职业工种培训阵地全覆盖。升级"东风 V 学苑"数字化学习平台，打造"平台＋内容＋服务"一体化学习产品，输出内部课程 2395 门，线上学习 56 万人次。

三是创新示范带动。以推进职工（劳模、工匠）创新工作室联盟为切入点，培育全员创新生态链，每年创建 10 家联盟，建立公司级以上技能大师工作室、职工（劳模）创新工作室 71 个。全国示范性劳模创新工作室——金益创新工作室共获得国家实用新型专利 17 项，国家发明专利 6 项，国际 ICQCC 金奖 3 项，创造效益达 1.59 亿元。推进新型"师带徒"，开展"巧妙机构设计"和"绝技绝活"展示活动，实施"卓越班组长计划"，通过分析能力短板，将理论提升、实际操作和课题竞赛结合，多措并举提升培训实效。

三、赋能提质出匠品，强化技能提升驱动力

一是搭建建功立业大舞台。以"卓越东风、世界一流"企业愿景激励职工岗位建功展风采，大力开展"争先进位挑大梁、苦干实干保目标"主题劳动竞赛，聚焦经营发展中的重点难点，将"七比七促"劳动竞赛贯穿全年，突出抓好"大干一季度、拼抢上半年"和年底"百日冲刺"立功竞赛，在营销、制造、研发、质量、采购、安全、管理等领域全面发力，打好"组合拳"，不断激发职

工的参与热情，提升竞赛实效，集团职工参与率达100%，多层级、广覆盖的劳动竞赛为广大职工提供了建功立业、提升技能的广阔舞台。

二是搭建全员改善大舞台。以"品质、智慧、和悦"新时代东风价值观为牵引，广泛开展合理化建议、"五小"等群众性改善创新活动。各类活动围绕质量、成本、研发、生产制造等问题，以创新改善为目标，成为立足岗位提升技能的有效载体。公司年均实施改善项目24000余项，年节约成本超1.8亿元。东风本田NHC改善活动倡导"人人都是主角"，将正式、严谨的日常改善活动变成了不拘一格、妙趣横生、快乐改善和技能提高过程，通过捉虫比赛、情景剧、小品、剧本杀、短视频等青年员工喜闻乐见的方式，展示改善过程和取得成果，吸引员工参与率达95%以上，培养"全线通"人才超30%。

三是搭建核心技术攻关大舞台。围绕公司"东方风起"科技转型计划，着力攻克"卡脖子"难题，打造原创技术策源地和产业链链长。以强化自主创新、推动自主品牌向上发展为核心，坚持每年举办科技创新周、职工创新成果评选等活动。广大职工积极适应汽车行业"五化"发展及公司向卓越科技企业转型趋势，刻苦学习新知识新业务新技能。目前东风公司拥有授权专利超过1万项，位居汽车行业第一，新能源汽车完成"三电"产业化布局，掌握了一批核心技术和关键资源，公司的技术自信、品牌自信、产品自信、价值自信进一步增强。

推进汽车强国，人才是关键，技能是基础。东风公司工会以技能提升为抓手，建立了一支听党话、跟党走、作风过硬、技能精湛、业绩一流的高素质产业工人队伍，为促进公司高质量发展、实现赶超跨越提供了根本保证。目前东风公司拥有"中华技能大奖"、享受国务院政府特殊津贴高技能专家、全国技术能手等高技能专家251人，高技能人才比例由12%提升到20%。根据最新一次的职工满意度调查报告，公司职工在共同事业、文化引领、技能提升、敬业度等方面的感知认同明显高于中国制造企业和汽车企业平均值。下一阶段，公司将进一步深入贯彻落实《关于全面推进机械冶金建材系统产业工人队伍建设改革工作的通知》精神,实施公司"156"人才行动计划,建立东风"智巧"高技能人才发展体系,力争"十四五"期间,选拔培养 150 余名工匠型技能人才,到 2025 年将公司高技能人才占比提升至 33% 以上,为建设世界一流企业、推进汽车强国作出新贡献。

2020年东风公司召开全员劳动竞赛百日攻坚动员大会

2022年6月10日，东风公司2022年职工技能竞赛开幕式在东风汽车股份有限公司襄阳工厂举行。本次大赛按照"四贴近""四延伸"原则，经过广泛调研和征求意见，设置了十大竞赛项目，是历届竞赛中工种设置最多、创新项目最多的一次技能竞赛

"12572"职工素质提升体系下的产业工人队伍建设改革新路径

哈尔滨电机厂有限责任公司

哈电集团哈尔滨电机厂有限责任公司立足打造一支有理想守信念、懂技术会创新、敢担当讲奉献的职工队伍,实现"为职工谋幸福,为企业谋发展"的双效循环,探索形成了"1(个主题)2(支队伍)5(个品牌)7(个保障)2(个目标)"职工素质提升体系,为探索产业工人队伍建设改革提供了新路径,为推进产业工人队伍建设进行了有益的尝试。

一、紧扣1个主题,明确工作方向和重点

2017年,《新时期产业工人队伍建设改革方案》印发,这是党和国家历史上首次就产业工人队伍建设改革专门进行谋划和部署。哈电电机公司结合实际,以"造就一支有理想守信念、懂技术会创新、敢担当讲奉献的宏大的产业工人队伍"为工作主线,系统构建了职工技能提升与企业高质量发展有机融合的竞赛格局。

二、培育2支队伍,拓宽产业工人晋升渠道

(一)打破技术工人职业生涯天花板,培育高技能人才。哈电电机公司系统

构建并拓展工人技师队伍建设模型,完善了工人队伍高技能领军人才评聘体系。增设了"首席技师"评聘等级,拓宽了技术工人晋升渠道,打破了技术工人原有职业"天花板",激发了技能人才工作的积极性、主动性、创造性。

(二)广泛培育劳模工匠队伍,营造积极良好氛围。在公司原有劳模培育选树和公司先优评比架构的基础上,以发挥劳模引领作用作为目标,有机融入生产经营中心重点工作,系统构建了以全国劳模为领军的"7级"劳模晋升模型,营造"人人争当劳模,人人皆可成为劳模"的环境氛围。培养出全国劳模、大国工匠1名,中华技能大奖获得者1名,享受国务院政府津贴人员1名,全国五一劳动奖章获得者1名,省劳模3名,享受省政府津贴6人,龙江工匠8名,哈尔滨市劳动模范5名,哈尔滨大工匠4名,市长特别奖1名。

三、依托5个品牌,形成职工素质提升合力

(一)劳动竞赛品牌建设。劳动竞赛既是让职工融入中心、服务大局的平台,也是广大职工岗位成长岗位建功的平台。公司工会以生产经营主要任务和国家重点工程项目为依托,完善了组织机构、立项流程、考核机制、兑现标准、层级责任制等内容,按照注重实效、全员参与、过程推进的原则持续开展。近5年,公司共完成劳动竞赛项目1023项,兑现奖励377.6万元,在完成的项目中,轻型制造中心创新模具制造方法,提高模具冲制数量,节约金额80万元;水电分厂通过开展竞赛活动提高生产效率26%。

(二)技能竞赛品牌建设。技能竞赛是围绕新时期建设高素质产业工人队伍、增强公司核心竞争力、推动企业全面高质量发展的重要举措。公司技能竞赛分公司级竞赛和部门级竞赛(重点围绕专业技能培训、岗位练兵、技术比武、师带徒、一专多能等开展)。公司每年选取一定工种组织开展公司级技能竞赛,或承办上级组织技能竞赛。各部门结合实际每年组织开展部门级技能竞赛。近5年,哈电电机公司承办国家级二类大赛1次,省级二类大赛2次,市级竞赛4次,通过技能竞赛平台,晋升高级技师12人,技师22人,高级工41人,提高

了技术工人技术等级，提升了职工技能水平。

（三）创新工作室品牌建设。哈电电机公司现有公司级创新工作室 5 家，作为一线工人技术创新成果的"孵化器"，是职工成才和发挥主人翁作用的重要载体。2023 年，制定并下发了《公司技师工作室建设指导意见》《公司技师工作室 5 年规划》，每年哈电电机公司以年度《公司级技师工作室重点任务书》的方式指导创新工作室开展工作，进一步明确了技术攻关（每年 50 项）、人才培养（每年 2000 人次）、申报专利（每年 20 项）、技术成果（每年 10 册）、部门级技术比武（12 个工种）等工作目标。近 5 年完成技术攻关 61 项、培训方案 221 套、培训手册 33 册（工种）、培训 21233 人次，获得中国机械科技进步奖 8 项，1 家劳模创新工作室获得全国总工会命名的示范性创新工作室，3 家创新工作室获得国家级技能大师工作室称号。

（四）职工创新品牌建设。职工技术创新活动是公司工会的特色品牌，一线技术工人连续多年获得中国机械科技进步奖、海峡两岸创新奖等荣誉。为更好地发挥一线工人主人翁作用，修订了《合理化建议和技术改进成果评比条例》，加大创新工作组织力度，提高了一线职工在技术创新成果方面的奖励力度。每年计划投入创新成果奖励 20 万元。近 5 年一线技能工人获得专利 126 项，其中发明专利 8 项，完成公司级攻关项目 1565 项，获得省部级以上技术荣誉 51 项，直接转化经济效益 1.2 亿元。

（五）技能传承品牌建设。技能传承是职工技能提升的重要载体，主要以"名师带高徒"和"专家带助手"活动为载体，形成了 2 级（公司级、部门级）师带徒管理模式，规范了形式、内容，严肃了考核标准；开跨部门间师带徒的先河。

四、确保 7 项支撑，保障体系顺利运转

（一）组织保障支撑。党政各级领导对劳动和技能竞赛的开展高度重视，将竞赛作为职工技能提升和企业发展的重要载体，开展党政工联合攻关，将重点

工作同竞赛"无缝衔接"、有机结合，在资金和政策支持等方面保证了竞赛的有效开展。

（二）人员保障支持。公司将"首席技师"、创新工作室成员全部投入劳动和技能竞赛当中，规定了每位"首席技师"和技术工作室成员至少要培训1~2名徒弟，每年至少有一次公开课形式的经验分享要求；统筹规划人力资源，合理调配，将技师、党员调配到"抽蓄""调相机"等重点竞赛项目当中，重点项目技师以上人员参与率达到72.4%，有效地提高了竞赛水平和竞赛效果。

（三）资金保障支撑。为激励职工投身到劳动和技能竞赛活动当中，公司每年投入竞赛经费2000余万元，其中质量提升投入1600万元，劳动竞赛投入300余万元；技术创新奖励投入20万元；创新工作室建设投入20万元；先进人物表彰和奖励投入50余万元。

（四）技术保障支撑。为保证劳动竞赛高效高质的顺利进行，公司工会加大重点项目技术人员下沉一线工作力度，建立技术人员项目负责制，根据优秀技术人员特长合理调配到重点项目当中，从项目的设计到制造实施各个关键环节全面跟踪、服务，提高技术人员项目生产参与度，将前沿技术直接应用到劳动竞赛重点项目当中，在保证竞赛项目顺利完成的同时，更为技能人才和技术人才搭建了相互交流的平台，有效地提高了技能人才技术能力。

（五）培训保障支撑。结合公司高质量发展需求，制定长期职工培训规划，开展"校企合作""一专多能培训""技能提升""职工发展培训"等形式多样的专项培训，以积分管理制为奖励和督促手段，提升职工培训积极性，长效提高职工技术能力和素质，为劳动和技能竞赛提供了内在动力。

（六）服务保障支撑。成立了由公司工会、生产部、安全环保部、质量体系管理办公室、质量检测部、装备保障部等多部门的协调服务团队，助力竞赛活动顺利开展。

（七）关爱保障支撑。依托"三位一体"（爱心救助、困难补助、送温暖）帮扶体系，紧跟社会经济发展和职工实际需求变化，帮扶工作实现由"普惠制"

向"精准式"转变。困难职工实行动态管理，严格申报公示审批程序，确保帮扶资金得到切实有效的利用。

五、实现2个目标，职工与企业共赢

"为职工谋幸福，为企业谋发展"是职工与企业共同的目的，哈电电机公司组织动员广大职工全身心地投入公司生产经营主战场，就是将职工个人发展融入国家和民族事业大局，通过深入开展"党员机台""免检机台""劳动先锋队"等活动，营造"比学赶超"的工作氛围，引导广大职工树立"技能改变命运，技能报国"和"企业好了职工的生活才能更加美好"的理念。

5年间，哈电电机公司劳动生产率提升了22.30%；公司规模提升了28.19%，利润总值提升了596.93%；高级技师占比提升了34.5%，技师占比提升了52.4%。"12572"职工素质提升工作体系，有效地汇聚广大干部职工智慧和力量，为打造"知识型、技能型、创新型"职工队伍奠定了坚实基础，必将为黑龙江的全面振兴和全方位振兴做出新的更大的贡献。

白鹤滩百万千瓦水电机组首台导水机构通过验收

技能人才参加机床展

加强产业工人参与治理和权益维护 搭建职工队伍技能跃迁创新平台

上海汽车集团股份有限公司

上汽集团国内布局15个整车生产基地，从业人员25万人，其中技能人才约9万人。近年来，集团围绕"电动化、智能网联化、共享化、国际化"的"新四化"战略目标，聚焦汽车产业转型升级的关键点，转变技能人才培养的理念和方式，搭建职工队伍技能跃迁的各类创新平台，完善人才吸引和保留的各项保障激励机制，在为职工赋能的同时，做强上汽创新引擎，全速驶入新赛道。

一、加强组织领导

根据国务院《新时期产业工人队伍建设改革方案》的要求和《汽车产业中长期发展规划》中提到"力争经过10年持续努力，迈入世界汽车强国行列"的总目标，上汽集团在2018年三届一次职代会暨工代会上提出了"顺应企业发展趋势，着力促进职工全面发展"，要求未雨绸缪，围绕提高职工知识、技能、创新素养，搭建平台，拓展服务内涵和层次，造就一支有理想守信念、懂技术会创新、敢担当讲奉献的新时代职工队伍。上汽集团产业工人队伍建设改革工作由党委统一领导，工会牵头联络及日常工作，人力资源、技术管理、质量与经济运行部等部门各司其职、协同推进。

面对汽车行业深度调整，新势力造车让竞争更加白热化，新能源、新技术更新迭代加速对传统制造技能产生挑战，由此造成职工因技能差距引发职业焦虑。上汽集团以问题为导向，推出了思想引领的创新举措，通过专题讲座、专栏发布、新媒体推送、知识问答等多种形式，让职工了解企业发展的方向和趋势，坚定信心、共谋发展，把职业焦虑转化为前进的动力。通过选树劳模工匠先进典型，通过新媒体访谈、工匠讲堂、技师论坛、微课学习、案例解读等方式，弘扬他们的优秀事迹和创新精神，形成有利于高技能人才成长和发挥作用的制度环境和社会氛围，引导上汽职工爱岗敬业、钻研技术、攻坚克难、创新超越。

二、加强企业民主管理

（一）增加产业工人代表性。推选一线产业工人代表担任上海市党代表（1人，潘颖慧），明确集团党代会20%一线员工代表比例和集团职代会60%一线员工代表的比例。劳模先进选举进入上汽集团工会常委会和工会委员会。工会主席通过选举进入集团董事会，基层国有企业明确职工董事、监事职数，合资企业工会主席列席董事会。在合资企业工会组建方面，上汽集团多年来坚持"三同时"——公司组建时，在章程中同时明确工会内容，同时明确工会主席人选，同时组建工会组织。

（二）开展多级职代会制度。上汽集团制定了厂务公开实施细则和厂务公开目录29条，保障职工知厂情、参厂政。上汽集团建立了集团、企业多级职代会制度，坚持企业重大决策听取产业工人意见，征集职工代表提案，跟踪推进落实。企业改革改制涉及职工切身利益方案，采用职代会票决制（比如企业关停并转迁，股权激励方案，集团合同和专项集体合同等）。在疫情防控期间，通过协商方式处理职工休息休假薪酬福利调整等事项。

三、职工权益保障

（一）抗疫送温暖。上汽集团持续开展"六室一厅"建设，加强安全生产和职业健康，改善劳动条件和工作环境。特别是 2022 年疫情，上海地区有 3.5 万名员工驻厂封控，各级工会通过购置防疫物品、配送食品生活物资等各类方式对员工加强慰问关心。集团工会对各企业加强资金支持，着重为封控企业、外派员工家属配送食物，慰问长期参与志愿服务的员工，对在沪地区困难员工增加生活补助。上汽各级工会 2022 年在员工抗疫服务方面投入近 2 亿元。

（二）"点亮心愿"实事项目。上汽集团工会通过"点亮心愿"实事项目，围绕企业细分人群服务机制建设，为群众办好事、解难事。2022 年一共形成 585 项重点实事项目清单，预计项目实施资金约 9260 万元，其中各企业工会参与出资约 2368 万元。

（三）法律援助和心理咨询。上汽集团工会在"职工之家"微信号开设法律援助和心理咨询服务栏目，疏导员工情绪、调解劳动争议、缓解员工压力。新冠疫情防控期间，发布员工心理服务的相关指导意见，开设疫情心理服务专区，协同各企业开通管理者心理服务热线，并提供各类心理关爱服务，优化升级心理测评、线上课程等，平台累计使用近 14.3 万人次。

四、完善激励机制

（一）开辟职业发展"双通道"。拆掉员工成长成才的"独木桥"，打通职业技能通道、专业技术通道、干部通道之间的壁垒。在经济权益方面，加大与行政开展集体协商，探索细分不同等级的主体工种技能等级考核评价标准，将评定结果与职业晋升制度相融合，加大对技能要素参与人分配的激励力度。对技能人才，比照企业工程管理人员职业发展"双通道"，按周期评聘，引导和鼓励职工承接创新工艺、创新技术转化、落地的重要职责，迈向更高、更远的职业目标。

（二）完善股权激励。上汽集团制定并完善了《附属企业股权激励计划管理制度》，对部分高新技术和创新型企业以期权或股权出售的方式推进激励计划，持股人员覆盖了工程技术带头人和业务骨干人员、做出重大贡献的人员（如荣获全国、省市、部委劳模先进等）。同时加强企业股权激励计划实施的过程管理，探索形成利益共享、风险共担、责任共当、事业共创的激励约束长效机制，真正巩固产业工人主人翁地位，发挥"新四化"建设的主力军作用。目前，上汽集团下属已有十多家创新型、技术型企业通过职代会民主管理形式实施了股权激励计划。

（三）实施创新激励。上汽集团针对重点项目与关键骨干实施创新激励，特别是把荣获国家、上海市等荣誉的高技能人才纳入上汽集团激励基金奖励范围。2021年，上汽集团围绕自主品牌、智能驾驶、移动出行、AI等重点项目，实施重大贡献人员奖励（获国家、省部级荣誉人员）、上汽技术创新奖、上汽专利奖、上汽软件奖等，累计奖励773人次，奖励资金1700余万元。

五、问题瓶颈及建议措施

（一）随着上汽集团的转型升级，产业工人队伍也在发生变化，新工种、新技能的培训、职业技能等级认定等都提出了新的要求。

在人员结构方面：从原有的装配调整、产线辅助人员为主的队伍向智能设备操作及维护、智能物流操作及维护、产线故障诊断、产品在线检测等转移；同时会新增"电动化、智能网联化、共享化、国际化"带来的新工种。

在知识结构方面：从原有的传统汽车技术、装配工艺、工业自动化产线技术、线下测量技术向新能源汽车技术、智能网联汽车技术、智能制造技术、在线检测技术、大数据、软件工程等领域转移。

为此，上汽集团一方面需要根据业务实际，对产线运维、装配调整、车路协同、新车试制等岗位，新增对新岗位、新工种的技能培训。同时，进一步深化产教融合，使用的教材及培训的方式与企业实际生产还需要更紧密地结合。另一方面，要将企业标准融入职业技能等级认定标准中，使得职业技能等级认定结果更符合企业用人需求。近年来，上汽集团鉴定人数每年均达15000名以上，其中取得高级工及以上职业技能资格证书的逾千人，但是还远远满足不了生产实际所需。这些工作也将长期深入开展，不断适应和满足企业发展的实际需求。

（二）如今"新势力"造车对传统汽车造成较大的冲击，尤其对在上汽集团有多年工作经验的技术工人"虎视眈眈"。企业对出钱出力培养了人才，结果"为他人做嫁衣"的情况存在顾虑和担忧。

从思想上，集团工会将引导企业提高对"产业工人队伍建设"的站位认识，认识到对产业工人的技能投资不仅能给本企业带来发展利益，也会带来一定程度的社会收益。不仅关系到眼下的成本平衡，更会关乎行业未来的趋势。比如，促进整个中国汽车行业的技术革新和应用，为中国先进、高端制造业培育硬核科技的人才。从这个意义上来说，对产业工人的技能培训具有公共属性和社会价值。

在行动上，上汽集团将继续责无旁贷地承担起国资大企的社会责任，进一步全力推动"软实力"的提升，整合资源、创新机制，落实技术工人的培养、使用、评价、考核机制，健全提升技能人才待遇激励机制，完善以创新能力、质量、实效、贡献为导向的人才评价体系，畅通人才发展通道，充分保障技能人才的尊严感、获得感、幸福感和光芒感。同时，通过选树劳模、工匠等各类先进典型，不断积累、沉淀、宣扬上汽集团"工匠精神、长期主义、精益求精"的技术文化底蕴。

上汽乘用车——车身车间员工全力奋战

上汽大通——"火树银花"车身车间热火朝天

畅通技能人才职业发展通道
深化产业工人队伍建设改革

上海市机电工会

上海电气是全球领先的工业级绿色智能系统解决方案提供商，专注于智慧能源、智能制造、数智集成三大业务领域，业务遍及全球。公司聚焦高端、绿色、智能的发展方向，以科技赋能推动中国及全球工业高质量发展，为人类美好生活创造绿色可持续价值，在国家重大工程、重点项目中，多次出色完成"首台套"创新产品的制造任务，促进了"中国制造"向"中国创造"的转变。

在集团党政班子的大力支持下，上海市机电工会积极贯彻落实党的二十大精神，习近平总书记和党中央、上海市委关于产业工人队伍建设改革的要求，围绕企业战略定位和中心工作，从产业发展对职工技能素质要求出发，聚焦技能培养、技能提升、技能应用、技能激励，造氛围、搭平台、建机制，创新实践以大国工匠李斌为品牌的"5+1"素质提升平台，畅通技能人才职业发展通道，激励广大产业工人走技能成长、技能报国之路，培养造就了一批高技能人才和大国工匠。

一、主要做法及成效

一是办好李斌技师学院——产业工人技能素质提升的平台。早在 2002 年，我们针对产业发展需求和一线技术工人技能现状，以"培养工人成长的摇篮、工人技能晋级的平台、高技能工人培养的基地"为定位，依托上海电机学院，成立了李斌技师学院。学院成立20年来，秉持"学校＋工厂、学历＋技能"的办学方针，累计培训各类技能工人20万余人、农民工近6.5万人。其中，6032人晋升为高级工，4953人晋升为技师，350人晋升为高级技师，7人晋升为首批特级技师。学院的办学模式以及在高技能人才培养方面取得的成果得到了全总主席王东明的高度肯定，并先后被授予全国五一劳动奖状、"第九届国家技能人才培育突出贡献奖"和"全国职工教育培训优秀示范点"。

二是建立职工技能竞赛机制——职工技能登高的平台。从2004年起我们每年举办一次"李斌杯"技能大赛，至今已连续举办19届，共设152项比赛项目，覆盖121个工种，累计2万余人次参赛，已形成了一套完整、严密、协调的组织运作体系和工作机制。近年来，我们探索主赛场与分赛场相结合的比赛模式，为职工定制比赛项目，增强了大赛对职工的吸引力和参与度。"李斌杯"技能大赛被上海市总工会评为上海职工素质工程十佳品牌之首。

三是评选李斌式职工、李斌式班组——人才激励的平台。自1999年起，上海电气集团和机电工会在职工中开展了选树"李斌式职工"活动；2002年，推出了"李斌式班组"评选；2008年，进一步评选"李斌式职工标兵"和"李斌式班组标杆"，并从中推荐上海市、全国五一劳动奖章（奖状）获得者和上海市、全国劳动模范，使广大职工学有榜样、赶有方向，覆盖面和影响力不断扩大，进一步掀起了主动学习、岗位成才的热潮。

四是建立首席技师工作室运行机制——培养高技能人才领军人才的平台。将生产一线业绩突出的高技能工人聘为"上海电气首席技师"，每月给予一定的津贴补助。2007年建立了第一批首席技师工作室，至今已培育了一批首席技师工作室，其中多个被命名为国家级技能大师工作室，很好地发挥了高技能人才技术攻关、传授技艺的作用。

五是设立"李斌论坛"——培养技能人才的学习交流平台。机电工会在组织职工深入学习李斌精神中，积极探索、创新实践，建立了"李斌论坛"学习交流平台，先后举办了"学李斌与技术工人培养""技术工人与产业发展""岗位与科技创新""中国梦·劳动美——弘扬劳模精神，建设技工强国""产教融合育匠才、双向奔赴谋新篇"等主题论坛，拓展了高技能工人培养的新思路、新途径、新方法。

六是探索实践"3+3+3"培训模式——探索培养优秀技能人才的平台。我们以培养优秀技术工人为目标，根据技术工人成长成才规律，创新开设"3+3+3"培训模式，即挑选有3年工龄的优秀青年技术工人，用3年时间培养成具有大专学历的高级工，再用3年时间培养成具有本科学历的技师或高级技师。该模式运行15年来，开班23期，共28个班级，涵盖13个专业工种，培训人数达724名，获得本科技师双证253人，专科技师双证107人，专科高级工双证69人。先后获得上海市教委教学成果一等奖，国家级教学成果一等奖。2022年，我们在"3+3+3"培训基础上，与上海第二工业大学合作，开办了"劳模工匠研修班"，为劳模工匠、一线高技能工人量身定制研究生课程，精心培养知识型、专业型、创新型高技能人才。

二、需要聚焦解决的问题

面向世界科技前沿、面向国家重大战略、面向经济发展主战场、面向党中央对上海的战略定位，加强产业工人队伍建设改革，提升技能人才队伍素质，是新时代赋予上海在更高起点上创新发展的必然要求，是实现经济增长方式转变和产业转型升级的必然趋势。

上海电气集团提出要坚持"稳中求进、守正创新，坚定不移地走高质量发展之路"的工作主基调，落实科技创新、人才强企战略，大力弘扬工程师文化和工匠精神，加强新赛道布局和突破，加快新旧动能转换。但在工作中，我们发现技术工人的培养目前还存在年轻技能工人占比不高、产业领域分布不均、高技能人才高学历的比例偏低，技术工人来源不足、质量欠佳，用工情况复杂、职业发展不畅，培养体系不足、工学矛盾突出，技能激励不足、亟须价值引领等需要解决的问题。

三、未来努力的方向

面对新时期产业工人技能提升的新任务新要求，机电工会将在中办、国办《关于加强新时代高技能人才队伍建设的意见》指导下，更有效发挥桥梁纽带作用，围绕企业高质量发展大局，完善工会推动职工技能提升的参与方案，持续建设、维护好"5+1"平台，充分调动广大职工参与技能提升的积极性、主动性、创造性，进一步加强和改进组织协调、示范引领、检查评估、评比表彰、宣传推广等工作，努力提高一线职工职业技能提升参与率和受益度，确保产业工人队伍建设改革各项任务落实落地。

一要加强新型学徒制建设。以上海电气职业技术学校为重点，以产业和企业为主导，加强产教融合、产训结合，进一步探索实践企业师傅和学校教师共同培养的模式，增强技术教育的针对性、适应性，真正培养出适应企业高质量发展需求、具有较高职业技能素养，与企业生产工作岗位相匹配并具有职业发展前景的技术工人。

二要探索建立技术工人培养成长"路径图"。围绕技术工人职业发展通道，我们将探索建立技术工人新"八级工"体系，即学徒工、初级工、中级工、高级工、技师、高级技师、精技工匠（企业首席技师）、绝技工匠（集团首席技师），并形成与之相配套的培训、使用、晋升、激励制度。

三要抓好"技能工匠库"建设。前两年，我们通过企业的推荐和机电工会的考察，将高级工以上的优秀技术工人选入上海电气"技能工匠库"。我们将对入库的技术工人进行分类管理，针对性地制订培养目标、培养计划和培养措施，帮助他们尽快成为高技能人才和大国工匠。

四要抓好"劳模工匠研修班"。2023年上海电气集团与二工大联合开办的"劳模工匠研修班"，是我们深化落实产业工人队伍建设改革，在培养高技能人才方面的一个新的探索。我们将结合国家和企业对高技能人才培养的要求，进一步优化教学内容、教学模式，更好地帮助劳模工匠学习新知识新技术、提升专业水平和解决问题能力。

五要抓好技师工作室建设。工作室是高技能人才发挥引领作用的舞台。我们将进一步做好上海电气集团、产业集团两个层面创新工作室的命名和运维助推，以上海电气首席技师工作室为重点，加强工作室交流，更好地发挥工作室在技术攻关、技艺传授方面的作用。

2023年7月,"产教融合育匠才、双向奔赴谋新篇"李斌论坛在上海电机学院成功举行

上海电气集团党委副书记、市机电工会主席朱兆开调研全国五一劳动奖章、全国机械工业劳动模范获得者庄秋峰劳模创新工作室

深化产业工人队伍建设改革
在振兴民族装备制造业的伟大实践中建功立业

广西柳工集团有限公司

广西柳工机械股份有限公司深入学习贯彻党的二十大精神和习近平总书记关于推进新时期产业工人队伍建设改革的一系列重要指示精神，弘扬劳模精神、劳动精神、工匠精神，充分发挥国有企业在推进产业工人队伍建设改革中的带动作用，在振兴民族装备制造业的伟大实践中建功立业。

柳工目前共有职工1.4万人，其中一线技能工人7138人。其中全国劳模6人、全国五一劳动奖章获得者7人、全国机械工业劳模5人、自治区劳模7人、自治区五一劳动奖章获得者20人、全国工人先锋号集体5个、全国技术能手9人、自治区技术能手16人等。已建成30个劳模创新工作室，其中，国家级技能大师工作室4个，省部级5个，市级5个。

一、加强产业工人队伍思想政治建设，团结引导产业工人听党话、跟党走

（一）强化和创新产业工人队伍党建工作。利用柳工党性锻造工厂，打造理论学习、党性锻造、文化展示的平台阵地，深化党员承诺和攻关、党员责任区和示范岗、"一支部一品牌"等特色活动，促进党建与"产改"工作深度融合。

（二）健全保证产业工人主人翁地位。高技能人才可优先发展为党员、评选劳模；技能专家享受岗位津贴、股权激励；实施技能竞赛专项奖励，为技能大赛获奖选手在住房保障、学历提升等方面给予支持。提高产业工人在各级党代会、职代会、会员代表大会、团代会中代表和委员的比例，产业工人的政治地位和经济待遇稳步提升。

（三）加强产业工人思想政治引领。持续开展党性教育、劳模工匠宣讲、先进典型选树、职工风采展示等活动。组织全体员工深入学习、深刻领会、全面贯彻党的二十大精神；举办中国机械冶金建材工会"送教到基层——柳工专场"活动；配合自治区总工会开展"百名产业工人百场宣讲"等系列活动，进一步做深做实产业工人思想政治引领工作，让"劳动创造幸福，实干成就伟业"的时代精神深入人心。

（四）持续开展企业艰苦创业史、改革奋进史的学习教育活动。举办"学百年党史 建世界柳工"党史大讲堂、接力"899"精神做国际化柳工奋斗者座谈会、柳工青年榜样星空论坛、新员工"柳工第一课"等，持续学习艰苦创业史和改革奋进史。

二、建立完善产业工人技能形成体系，为优秀工人成长成才搭建平台，培养造就更多大国工匠

（一）落实企业培养产业工人的主体责任。2019年至今累计投入900多万元用于技能工人能力提升，开发柳工人力资源数字化（DHR）平台、柳工学习平台和智慧工会程序，加强内训师队伍建设、专业课程体系构建与线上学习平台应用，构建产业工人数字素养及技能发展的培育体系。

（二）校企深度合作，打造共建共享的高技能人才、产教融合和生产性实训平台。2016年柳工首个海外校企合作机构在卡萨布兰卡OFPPT培训基地落成；2017年柳工全球客户体验中心在柳州职业技术学院落成；2018年打造沙特AHQ学院；2018年柳工—兰州职业技术学院首届"柳工班"项目启动；2021

年成立"柳工—柳职院泰国国际工匠学院";2022年开展柳工—广科大校企合作暨班组长能力提升项目;2023年启动柳工—广科大校企合作暨柳工全球售后人员学历提升项目。

(三)改进产业工人技能评价方式。激励职工以评代训提升技能。一方面组织职工参加通用工种的社会化考评培训,另一方面开展行业特有工种的非社会化技师考评。作为广西首批通过中华人民共和国人力资源和社会保障部备案管理的职业技能等级认定试点单位,技能职工可由此享受到更多的国家和地方的政策红利。截至2022年底,柳工高级工及以上人员达到1765人。

(四)创新和完善高技能人才职业发展通道。建立和完善技能人才职业生涯发展通道。采取以业绩和贡献为导向,以解决实际问题能力为基础的考核评价办法。2022年,技能工人通过评审取得工程师、高级工程师职称,实现了一线工人与技术人才职业发展贯通零的突破。制定《技能人员评聘管理办法》,将技能工人原先单一的等级晋升通道,拓宽成技能、技术、经理3个序列和13个层级的多维职业发展通道。每年开展多个工种的职业技能比武,对成绩优异的选手予以破格晋升和放宽申报条件。

(五)培养造就更多大国工匠。

不断完善培训资源,组织编制《柳工职业工种名录》《柳工职业技能等级标准》,开发行业特有工种培训课件近千份。加强培训基地、考评队伍的建设管理,配置各类培训基地20多个,培训设备300多台(套),培训师50多名,考评员200多位,每年开展培训鉴定2000人次以上。

承办"大国工匠进八桂、进柳工"活动。邀请12位身怀绝技的大国工匠来到柳工传经送宝,建立起双方工匠培训和技术攻关长期合作机制,助力公司破解生产、制造和研发等多重技术瓶颈。

成立柳州工匠学院—广西柳工全球工匠学校,为柳工全球制造和服务、价值链上下游,以及柳州产业工人队伍的素质和技能提升提供资源。

2020年,柳工与第一届全国技能大赛组委会在京签署战略合作协议,柳工轮式装载机作为大赛官方指定设备保障"重型车辆维修"项目，向广大职工传递领先技术和实操经验。

三、充分发挥产业工人主力军作用，提高职工技术技能水平、激发创新创造潜能，促进企业高质量发展

（一）激发产业工人创新活力。贯彻落实习近平总书记视察柳工时重要指示精神，将每年的4月26日设立为柳工"创新日"，推动科技创新引领中国乃至全球装备制造业高质量发展。举办以"敢创敢做 智引未来"为主题的中国创新挑战赛，连续举办二十二届柳工技术创新大会和三届柳工创新创业大赛，为技术创新人才提供更多竞技的舞台。

（二）充分发挥劳模和工匠人才作用。发挥高技能领军人才在带徒传技、技能攻关、技艺传承、技能推广等方面的重要作用，为产业工人打造了成长的广阔平台。2022年技能大师工作室累计培训5860人次，开展QC项目和现场改善上万条，创造经济效益近亿元。从2008年中国第25次南极考察至今，已有20位柳工技能专家持续接力，担任中国南极科学考察队的机械师，为极地科考事业提供强大的技术和维修保障支持。按照"共建共融共享"的理念，通过"试点先行、示范引领、全面推动"的跨区域、跨行业和跨企业模式，与南南铝业股份有限公司共建"产改"联盟，助力百色市2022年"华银铝业杯"铝产业技能大赛成功举办。

（三）广泛开展技能提升活动，加强劳动竞赛组织管理。承办2020年全国机器人焊接大赛，柳工成为首个全国机器人焊接竞赛三连冠的企业，充分体现了柳工在技能人才培养方面的硬实力。2021年柳工与快手联合举办工程机械行业的巅峰盛会——全国挖掘机技能巅峰赛华中赛区比赛。连续举办五届柳工全球技能比武大赛，来自13个国家的柳工和经销商服务人员参与。每年坚持举办主要工种技能竞赛，提升一线员工整体操作水平。举办全球、全产品线、全价值链"开源节流"劳动竞赛，开启全面降本增效行动。

（四）加强企业班组建设。开展班组建设年活动，对班组长进行能力提升轮训，自 2020 年项目启动以来，累计开展培训 15 期，班组长参训人数 451 名，参与率达到 90.2%。2022 年开展"柳工—广西科技大学"校企合作暨班组长能力提升项目，实现班组长"学历＋能力"双提升。开展"夯基础、比创新、争贡献"班组流动红旗竞赛，精简优化生产班组台账，多家子公司实施班组二维码管理，让班组管理高效便捷。

（五）强化安全生产和职业卫生工作。以"安康杯"竞赛为载体，推进"党管履职、业务尽责、全员参与、工会监督"的安全生产工作格局建设，持续改善作业场所安全卫生状况，营造了安全生产良好氛围，保障职工生命安全和身体健康。柳工连续 14 年获得全国"安康杯"竞赛活动优胜单位。自治区年度安全履职考核中，柳工连续 6 年得分排名全广西第一。

下一步，柳工将继续打造具备深厚跨专业理论素养、精湛专业技能的复合型、创新型顶尖领军技能人才，不断壮大有理想守信念、懂技术会创新、敢担当讲奉献的柳工产业工人队伍。

柳工2022年开展柳工—广科大校企合作暨班组长能力提升项目

柳工成立柳州工匠学院—广西柳工全球工匠学校

完善职业技能体系　致力员工共同富裕

浙江吉利控股集团有限公司

浙江吉利控股集团始建于 1986 年，经过 37 年的发展，现已成为一家全球型智能电动出行高科技企业，员工总数超 12 万人，连续 12 年进入世界 500 强，2023 年位列第 225 位。

吉利作为浙江省产改试点单位，按照政治上保证、制度上落实、素质上提升、权益上维护的总要求，建立完善职业技能体系，推进产业工人队伍建设改革，打牢员工共同富裕之基。

一、自主办学实践，构建自我造血机制

打造"人才森林体系"，吉利在造车同时布局教育，先后创办了 10 所院校，形成了以高职教育人才培养为主体，以发展职业培训、应用型技术服务为两翼的"一体两翼"成熟办学模式。截至目前，校园招聘员工的 11% 来自旗下院校，并为汽车产业链输送超 2.3 万人，为社会培养人才超 15 万人。浙江汽车工程高研院已毕业研究生超 560 人。深入推进产教融合，以产业学院、师资建设、产教联盟、课程共享、文化体验五大校企合作模式，与 267 家大专院校开展校企合作。强化内部职业培训，成立"吉利学堂"，通过《洞见》《看见》专家论坛分享前沿知识，年度交付专项培养人才超过 3 万人次。打造"吉时学"

在线学习平台，开发在线课程超 600 门、引入外部精品课程超 5000 门，内训师超 5200 名。建设杭州湾、宝鸡等 6 个区域性制造实训中心以及 1 个制造培训中心，为每位吉利人打造"量身定制"的职业生涯发展规划。

二、打破职业壁垒，构筑全向发展体系

畅通员工发展路径，制定《星级班组评价管理办法》和《星级员工评价管理办法》，绘制七星人才学习地图，将技能发展通道分为七个星级，打破一线工人职业壁垒。深入实施"四百"工程，即百名技能转专业管理、百名"大雁"员工（校招人才）转班长、百名制造转采购研发、百名高潜转海外新项目，进一步优化各类人才的职业发展通道。以赛代训，挖掘培养能工巧匠，坚持培养员工精益求精的大国工匠精神，设立青年工匠、拔尖工匠、十大工匠、首席工匠等评选活动。开展工业机器人、班组长等不同层级的职业技能竞赛，组织员工参加各类全国大赛，以赛代练，优中选优，不断提升一线员工的技术水平。目前，集团拥有全国技术能手和全国操作技术能手超 20 名，高级技工以上的高技能人才 3300 余名；拥有 44 家技能大师工作室，其中 1 家为国家级技能大师工作室，3 家为省级技能大师工作室。路桥基地员工吕义聪 2004 年进入吉利后，苦练整车装调和维修技能，拥有各类整车技术改善、创新成果 200 余项，曾先后荣获全国劳动模范、全国技术能手、浙江省万人计划领军人才、浙江省职业技能带头人等荣誉称号及中国青年五四奖章。

三、完善激励机制，致力员工共同富裕

2021 年 7 月 3 日，吉利率先发布《共同富裕计划行动纲领》，启动"吉利共同富裕计划"。一是实施全员收入增长计划，建立和完善企业与员工的收益共享机制。二是实施全员家庭健康保险计划，帮助员工缓解因意外或重大疾病带来的经济压力，解除后顾之忧。三是实施全员职业提升计划，建立覆盖员工全职业生涯周期的教育培训体系，打造学习共同体。8 月 30 日，吉利汽车董事会

共批准 3.5 亿股额度，第一批向一万多名员工授予其中 1.67 亿股，激励员工更好地奋斗、创造价值，推动企业可持续发展。吉利注重发挥龙头带动作用，带动全产业链共同富裕，在宁波杭州湾新区，吉利入驻 11 年来推动新区人口从 9.8 万人增长至 2020 年的 32 万人，区域工业总产值从 565 亿元增长至 2020 年的 1698 亿元，税收从 2011 年的 10 亿元增长至 2020 年的 82 亿元。

四、健全关爱体系，保障员工生活品质

建立大健康平台，吉利自 2017 年起每年出资近亿元，为包括员工父母配偶子女在内的家庭成员提供商业保险，实现一人就业、全家健康。截至 2021 年，商业保险计划已覆盖 19 万名员工和家属。建立全方位关爱体系，持续加强员工日常关爱，实现了"婚育生日必祝贺、进步义举必奖励、伤病住院必看望、家庭困难必帮扶、重大疾病必保障、身亡丧葬必抚恤"。开展"元动力双爱"工程，不断深化"尊重人、成就人、幸福人"的人才理念，将每年的 6 月 26 日设立为"员工关爱日"、10 月设为"司庆月"，开展"忠诚奖"颁授、接力跑、集体婚礼、家属开放日等各类活动。投资 50 多亿元，在宁波与融创、绿城两大知名房企合作，为员工打造美好"吉家"。通过一系列的组合举措，提升了吉利员工的生活品质，推动了企业持续健康发展。

下一步，吉利将紧紧围绕思想引领、建功立业、素质提升、地位提高、队伍壮大等重点任务，不断深化产业工人队伍建设改革，找好结合点和切入点，助力企业健康持续高质量发展，带动产业链实现共同富裕。

吉利36周年接力跑，一线员工参与

吉利汽车集团第八届汽车装调工技能大赛

持续优化"五个头"发展平台
助推产业工人队伍建设改革

陕西汽车控股集团有限责任公司

陕西汽车控股集团有限公司坚持把产业工人队伍建设改革作为企业高质量发展的重要一环,成立由党委书记、董事长担任组长,党委委员、各部门一把手为组员的改革领导小组,结合陕汽实际及《陕西汽车控股集团有限公司新时代产业工人队伍建设改革实施方案》,着力为职工建设"增干头、有奔头、尝甜头、添盼头、鼓劲头"的发展平台,持续优化技能培训体系、创新创效体系、技能薪酬体系、服务职工体系,产业工人队伍建设改革取得突出成效。

一、搭建岗位练兵平台,让产业工人成长成才更有干头

强化"赛马机制",激发内生动力,按照"五个三"原则(坚持三个导向、关注三个方向、发挥三种力量、做到三个结合、采取三种路径),开展好国赛、省赛、公司赛、部门赛四个层级的技能比拼,以赛领学,以赛带练,以赛促干。近年来相继举办了21个工种40场集团层面比武,承办及参加市级以上大赛50场次。自主开发"智慧工会"网上练兵版块,掌握管理升级密钥,截至目前,近2万名一线技能员工参与"智慧工会"网上练兵,学习积分累计突破1100万分,建立积分商城,增加职工岗位练兵平台黏性,网上学习已经成为一种新风

尚。落实"一线工作法",为职工解难题、办实事,分期组织劳模工匠带着问题清单、带着解决方案、带着机制、带着经验"进班组、解难题、带徒弟、办实事",建立起长效帮扶、共享学习的机制。2021年以来共组织66名劳模工匠开展了21期主题活动,相继走进21个单位42个班组,解决实际问题260项。

二、搭建"双通道"培养平台,让产业工人职业生涯发展更有奔头

技能鉴定自主化、常态化,梳理集团53个工种的技能等级认定及分布情况,组织专家更新考试题库,自主开发技能员工培训课程120多门。"双轨制"实现技能、技术岗位"双贯通",目前公司高级工以上技能员工持有高级工程师、工程师、助理工程师、助理经济师等职称证书400余人,晋升至管理岗位约50人。技能操作人员实现由五级工向八级工的转变,陕汽在业绩突出、具有绝活、创新成果显著的高级技师中评聘主任技师53人,享受津贴1600元/月。与此同时,实施"后浪策略",在集团内签订"跨企师带徒"110余对;邀请全国劳模、大国工匠李万君、徐立平、刘湘宾等走进陕汽开展"工匠大讲堂",签订"名师带徒"12对,搭建起行业间学习提升的连心桥。

三、搭建科学激励平台,让产业工人的体验更有甜头

科学激励让技能工人成才受益,形成了完善的高技能人才培养、激励和考评体系,半年绩效评价;每年岗位标兵选拔,一等奖每月享受600元津贴;评聘"首席员工",每月享受1000元津贴等待遇;制定《一线直产技师、高级技师聘任管理办法》,评聘"金牌班组长"。鼓励全员创新,共享创新成果,陕汽已经形成了"五个五分之一"的成果共享理念,即创新收益的五分之一用于奖励、五分之一用于基金建立、五分之一回馈社会、五分之一回报客户、五分之一回报股东。创新项目评选、带头人选拔为技能员工留有席位,鼓励一线员工小改小革、创新改善。让工匠人才成为陕汽的"明星",陕汽形成了梯次化工匠培养模式,共评选陕汽工匠43人,荣获三秦工匠、全委工匠5人,市、省产业

工匠9人，形成了"明星"示范引领带动作用。设立"英雄榜"，收集整理建厂以来公司劳动模范、陕汽工匠、市级以上（含市级）劳动模范/五一劳动奖章、工匠获得者个人信息，上传至企业门户网站、车间、工作场所永久展示，亮明身份，用荣誉感、成就感激发责任感、使命感，点燃广大职工学知识、练技能、提水平、强素质的追赶超越热情。

四、搭建创新创效平台，让产业工人的自我价值实现更有盼头

加大对产业工人创新创效扶持力度，建设横向链合和纵向深入的多元化创新创效体系。我们依托职工创新工作室、高技能人才卓越联盟，坚持一联盟一专业一方向、一室一特色一品牌的理念，建成公司级创新工作室25个，市（省行业）级以上优秀创新工作室11个；成立汽车装调工、钳工等7个工种的高技能人才卓越联盟，2021年以来荣获发明专利10项、实用新型专利68项、完成部门级及以上创新成果1320项，形成工作标准747项，创新降成本3968.26万元。面向"新四化"，为培养智能制造方面的高技能人才，紧跟当前国赛对复合型人才培养的新趋势，培育了"单兵六岗"的复合型"特种兵"，解决了生产现场数控机床测量、PLC编程等多项"卡脖子"问题，首次自主实现数控机床"三轴变四轴"的升级改造。创新创效项目实现多元化，建立"两阶（公司级创新、小微创新）三层（单位层、归口层、公司层）九类（技术创新、产品创新、技术管理创新、生产创新、生产管理创新、营销模式创新、营销管理创新、服务支持创新、组织管理创新）"创新成果管理模式，增设创新课题，建立"摘牌、挂帅"机制，全方位自主创新。近年来，累计奖励创新工作3000余万元。

五、搭建贴心服务平台，让产业工人心无旁骛兴产业更有劲头

贴心关怀入人心，解职工所难，形成了职工医保、企业补充医疗、职工爱心互助、重大疾病保险、困难职工帮扶"五个支柱"的医疗救助体系，通过每个环节的精准保障，兜牢职工生活保障底线。

普惠工程更高效，解职工所需，利用人力资源优势联合各业务部门开展了职工福利品集中采购；围绕职工私家车开展团油品、团保险、团轮胎、蓄电瓶等易耗品；联合苏宁开展"陕汽专场"团购家电等多个普惠活动，千方百计降低职工生活成本。

延伸服务暖人心，解职工所愁，开展"考前心理辅导"、发放免费体验券、志愿填报培训、金秋助学等关爱活动，积极与教育部门、学校沟通协调，解决职工子女入学、转学问题，开办陕汽专属"托管班"，切实解决职工的后顾之忧。

拓展服务新模式，解职工所忧，及时建设和增加新能源汽车、电动自行车充电桩；结合新扩建厂区及时协调公交公司，新增或调整公交线路，让职工出行无忧。

暖心关爱聚合力，解职工所急，"一对一"婚恋定制服务+小型多样的交友联谊会，满足了单身青年的交友脱单需求；成立了12个职工文体协会，努力把"家"建在职工心上，让职工生活在陕汽、工作在陕汽、幸福在陕汽。

陕汽控股承办陕西省首届"三秦工匠杯"职工职业技能大赛汽车装调工决赛

陕汽控股职工创新工作室现场交流

第三部分

钢铁行业

搭平台建机制　强培训提素质
构建和完善产业工人技能形成体系

陕西钢铁集团有限公司

陕钢集团成立于 2009 年 8 月，是陕西省委、省政府为振兴钢铁产业而组建的钢铁企业集团，2011 年 12 月重组加入世界 500 强企业陕煤集团，是陕西省唯一国有大型钢铁企业。陕钢集团现有员工 1.8 万人，其中：经营管理人员 1123 人，专业技术人员 2290 人，技能操作人员 11332 人，高级技师 299 人，技师 1237 人，高级工 616 人，中级工 1349 人，初级工 18 人，通过认证的技术工人占操作人员 31.05%，占合同制用工 22.12%。

2020 年以来，陕钢集团高度重视新时期产业工人队伍建设改革工作，认真贯彻落实《新时期产业工人队伍建设改革实施方案》，按照产改工作要求，成立了产改协调领导小组，召开了产改推进会，明确了产改工作职责，制订了产改实施方案，推进了"1234"产改工程，落实了产改实施任务清单，不断构建和完善产业工人技能形成体系，取得了阶段性成绩，主要工作如下。

一、突出一个引领

突出政治引领，强化技术工人队伍党建工作。加大技术工人党员发展力度，提高技术工人党员比例，重点吸收技术能手、青年专家、优秀工人加入党组织。据统计，现有在职党员（含预备党员）2172人，其中在职党员中产业工人1586人，占比73.02%。提高工人政治待遇，扩大工人代表比例，陕钢集团职代会技术代表占比超过了55%。选举"全国劳模"薛小永为陕钢集团工会兼职副主席。现有各类在职劳模175人，技术工人占比51%，其中省部级以上劳模技术工人占比21%。先后推荐了1个"全国五一劳动奖状"、1个"全国工人先锋号"、1个"全国模范职工之家"、1个"陕西省工人先锋号"、1个"陕西省五一劳动奖章"。

二、夯实两项基础

一是制定政策制度，提升技术工人津贴待遇。成立了教育培训中心，出台了《教育培训管理制度》《师带徒管理办法》《首席技师管理办法》，建立了四级教育培训体系。给予"带徒"师傅、内训师等相应的补助，激励职工"传帮带"、技能成才。《陕钢集团专业技术、技能人员岗位津贴三年行动方案》累计投入岗位津贴9756万元，有力推进了技能等级人员结构素质的优化和提升。

二是强化教育培训，提升技术工人综合素质。2018年以来，先后组织了两期560余人的"铁前系统培训班""钢铁专业技术人才培训班"。2019年组织了13期2600名班组长培训；2020年技能提升培训、特种作业取证培训、转岗培训等共11000人次。开展了两届技术工人"冶金行业职工微课大赛"。2021年各类培训班专题培训4500余人次。选拔了75名班组长参加了陕煤集团以及省总工会班组长培训班，近30人受到表彰。重视"师带徒"工作，在陕西省机冶建材工会备案"师带徒"协议429对。王军工作室培养的杨泽、冀华等徒弟都能够独当一面，先后荣获陕西省"技术状元""技术能手"荣誉称号。

三、搭建三个平台

一是搭建技能竞赛平台，提升技术工人能力水平。形成了"分级分类分工种、月赛季赛年年赛"的组织体系，形成了每两年组织参加国家级、每年具体承办省级、集团公司、子公司和分厂五个层级的技能竞赛格局，每月一个通用工种、每季度一个专业工种、每年一个省级竞赛工种。承办了九届陕西省机械冶金建材系统"陕钢杯"职工技能竞赛，2021年第八届"陕钢杯"首次实现了跨地区跨行业组织竞赛，2023年第九届"陕钢杯"开了陕晋川钢企同台竞技的先河。据统计，1~9届"陕钢杯"培养了14名省级技术能手，143名省冶金建材系统技术状元、能手和标兵。参赛工种由3~4个扩展到30~40个，年竞赛参与人员达到3000人。在2021年全省工业互联网络安全技术技能大赛中，陕钢集团2支代表队分别获全体64支队伍第21名、40名，个人分获192人中第17名、21名。

二是搭建网上练兵平台，组织技术工人网上练兵。按照"统一规划、有序推进、分步实施"的原则，建成了陕钢集团职工"网上练兵"平台。截至2022年，平台注册人数17520人，参与人数达16114人，参与率达91.9%，开设工种115个，题库总量41.36万道，闯关练兵673万次。受到省内企业观摩学习，在陕西省工会网上工作推进会上进行展示交流。

三是搭建创新创效平台，开展职工合理化建议活动。出台了《职工创新创效管理办法》，深度融合职工"查找提改献"岗位创新创效、"五小"创新和"三小一练"职工文化建设活动，凝聚全员智慧，破解技术难题，增创经济效益。累计收集职工"查找提改献"项目1.6万个，立项实施7663个，曾获陕西省总工会创新创优一等奖。2021年有4个班组26个项目在全国机械冶金建材行业"创新百强班组"和职工技术创新成果中获奖，3个项目在陕西省第六届职工科技节获奖，蔡仁吉获评陕西省工人发明家。2022年，荣获全国机械冶金建材行业"经济技术工作先进单位"、米斌斌等8名同志获"岗位能手"。2023年，在全国第十六届高技能人才表彰大会上，冯建斌荣获"全国技术能手"称号。

四、落实四项措施

一是培育工匠人才，组织技术工人开展创新创效。出台了《劳模（工匠）创新工作室管理办法》《陕钢工匠评选办法》，培育了姚军、王军国家级技能大师工作室,冯建斌、王军、薛小永、李勇强4个全国机械冶金建材行业示范性创新工作室,1个陕西省示范性创新工作室,3个省级实训基地,4个陕西省机械冶金建材工会优秀创新工作室。

二是开展技能鉴定,优化技术工人技能等级。2012年开展职业技能鉴定工作,每年鉴定500余人,积累了较为丰富的通用工种和特有工种鉴定工作经验。成立了陕钢集团职业技能等级认定组织机构,制定了《职业技能等级认定实施办法》。2020年以来,共组织了1654名技术工人进行技能鉴定,评定出774名工程技术职称。积极落实《关于进一步加强高技能人才与专业技术人才职业发展贯通的实施意见》精神,全集团共有5名高级工贯通取得助理工程师,8名技师贯通取得工程师,9名高级技师贯通取得高级工程师。

三是完善学会协会建设,促进技术工人成长成才。印发了《陕钢集团专业技术学会、职工技能协会管理办法》。目前已成立天车工、高炉炼铁工等7个技能协会,人力资源、期货等11个专业学会,吸纳会员4800余名,一线职工占比70%以上,搭建了产业工人交流学习、成长成才的机会和舞台。

四是开展校企合作,优化技术工人比例结构。运用市场化机制,坚持产教融合,开展校企合作,与西安建筑科技大学、西北大学、陕西理工大学、东北大学、甘肃钢铁职业技术学院进行校企合作,建立技术人才培训基地,搭建技术工人学习提升平台。

团结就是力量,奋斗开创未来。作为陕西省第二批产业工人队伍建设改革试点单位,我们持之以恒贯彻落实产业工人队伍建设改革要求,不断构建和完善产业工人技能形成体系,将试点做成范本,将探索形成模式,为陕钢集团高质量发展和陕西钢铁工业做出新的贡献!

陕钢集团"陕钢杯"职业技能竞赛开幕式

陕钢集团"陕钢杯"维修电工实操竞赛

弘扬"鞍钢宪法"精神
深化产业工人队伍建设改革　创建世界一流企业

鞍钢集团有限公司

鞍钢集团有限公司是新中国第一个恢复建设的大型钢铁联合企业和最早建成的钢铁生产基地，被誉为"共和国长子"。鞍钢深入学习贯彻习近平新时代中国特色社会主义思想，秉承"铭记长子担当，矢志报国奉献"初心，坚定"制造更优材料，创造更美生活"使命，把产业工人作为鞍钢制造的核心力量，大力弘扬"鞍钢宪法"精神，促进产改工作不断走深走实。产业工人队伍建设改革以来，鞍钢技能人才总量达到 105713 人，中高技能人才总量增加 16119 人，23 人被评为鞍钢级以上工匠，3110 人被评为三级技师及以上高技能人才，职工思想政治基础更加牢固，素质提升体系更加完善，成长成才平台更加广阔，权益保障更加有力，服务职工更加精准，为鞍钢锚定建设世界一流企业目标，推动新鞍钢建设开新局蓄势赋能。

一、赓续鞍钢红色基因，唱响新时代产业工人精神乐章

鞍钢认真学习贯彻习近平总书记关于"把党的宝贵经验传承好、发扬好"的要求，把鞍钢红色基因、红色资源融入产改各项工作，充分发挥新时代"鞍钢宪法"等红色文化资源作用，凝聚振兴发展力量。

（一）注重思想引领，丰富红色资源。深入学习贯彻党的二十大精神和中国工会十八大精神，开展"劳动创造幸福"等主题教育实践活动，引领广大职工坚定不移听党话、跟党走。综合运用鞍钢博物馆、雷锋纪念馆、孟泰纪念馆等载体深入开展宣传教育活动，引导职工牢记历史和新时代赋予鞍钢的光荣使命。鞍钢博物馆被命名为全国职工爱国主义教育基地，雷锋纪念馆被命名为中央企业爱国主义教育基地。

（二）弘扬"鞍钢宪法"精神，传承企业优秀文化。新时代新鞍钢，以习近平新时代中国特色社会主义思想为指引，深度总结弘扬"鞍钢宪法"精神的新实践，不断赋予"鞍钢宪法"新时代新内涵，即"强化政治担当""加强党的领导""依靠职工群众""坚持'两参一改三结合'""推进改革创新"，是实践基础上的理论再创新。以鞍钢人冶炼出新中国第一炉铁水的故事拍摄的电影《钢铁意志》，在全国公映后引发热烈反响，激发了鞍钢职工对同根同源的鞍钢文化的高度自信与认同。

（三）传承劳模精神，激发职工干事创业热情。70多年来，与共和国一起成长起来的鞍钢产业工人大力传承弘扬劳模精神、劳动精神、工匠精神。鞍钢不仅为国家提供了大量优质钢材，更培养了鞍钢级以上劳动模范7600多人次，鞍钢博物馆的劳模墙镌刻着这些闪光的名字。从"老英雄"孟泰、"走在时间前面的人"王崇伦、伟大的共产主义战士雷锋，到"当代雷锋"郭明义、"当代发明家"李超……每个时期的英模，都是时代的精神引领和力量化身。5年来，鞍钢培养选树了林学斌、陶功明、曲晓东、罗佳全4名全国劳动模范，399名鞍钢级以上劳动模范。

二、搭建素质提升平台，培养复合型产业工人队伍

鞍钢积极落实产业工人培养主体责任，深入推进加强技能人才队伍建设"十项措施"，搭建"四个平台"，着力培养复合型产业工人。

（一）搭建职业培训平台。强化职业培训资金保障，建立了集团—子企业—

单元企业三级教育培训体系。聚焦主业构建员工能力模型，建立"鞍钢 e 学"数字化学习阵地。产教融合"鞍钢模式"入选第一批国家产教整合型企业。

（二）搭建成长激励平台。制定《关于加强和改进鞍钢集团技能人才工作的指导意见》，推进"工匠计划"。推动实施"鞍钢英才计划"，已入库"英才计划"技能人才491人。建立技术和技能人才双向贯通评价机制，培养具有技师和工程师职称的"双师"人才855名，具有高级技师和高级工程师职称的"双高"人才47人。

（三）搭建技能竞赛平台。把职工技能竞赛作为推动职工队伍整体技能水平提升的重要手段，每两年组织一次鞍钢精英赛，每年举办群英赛。5年来，累计命名鞍钢技术状元、技术能手916人，获评全国技术能手5人，入选"大国工匠"培养支持计划2人。

（四）搭建劳动竞赛平台。围绕鞍钢改革发展目标和中心任务，聚焦绿色低碳发展、数字鞍钢建设、降本增效等重点工作，开展"建功'十四五'、奋进新征程"主题劳动竞赛，5年来累计开展全技术领域、全产业链条、全岗位参与的重点劳动竞赛及专项竞赛2805项。

三、激发创新创效活力，彰显产业工人主力军作用

新时代新鞍钢，把群众性创新活动作为新时代传承"鞍钢宪法"精神的主要载体，坚持"四轮驱动"创新模式，构建职工创新工作室、创新项目、先进操作法、合理化建议四个载体平台，为职工群众立足岗位创新创效架桥铺路。

（一）不断深化职工创新工作室建设。鞍钢目前已培育命名各级职工（劳模）创新工作室367个，其中李晏家、李超两个工作室被全总命名为"全国示范性劳模创新工作室"，每年投入创新项目支持资金1200万元。组建创新工作室内部联盟16组，与一汽集团、东风集团签订创新联盟协议，推进创新工作室的技术交流。

（二）交流展示职工创新项目。5年来职工创新项目在国际国内发明展览会

上荣获 152 项金奖、233 项银奖和 218 项铜奖。2022 年鞍钢组织参加首届大国工匠创新交流大会，10 项职工创新成果精彩亮相。

（三）总结命名推广职工先进操作法。培育推广职工先进操作法，是固化"鞍钢宪法""两革一化"新成果的有益实践。5 年来，命名鞍钢集团级先进操作法 143 项。其中鞍山钢铁累计推广厂级先进操作法 2873 项，累计培训 10.2 万学时，培训职工 8686 人次。

（四）开展合理化建议活动。创新合理化建议申报方式和载体，发挥网络平台作用，实施分级管理，重点围绕安全环保、智能制造、降本增效、技术创新等方面，激励职工为企业发展建言献策。

2023 年 7 月，鞍钢隆重召开职工创新大会，表彰职工岗位创新成果，交流职工创新经验。一线职工创新代表成为大会主角，为发挥央企科技创新作用提供有力支撑。

四、聚焦共建共享，打造产业工人幸福家园

解决产业工人急难愁盼问题，提高其地位，确保发展成果惠及更多产业工人是产改的题中应有之义。鞍钢努力把"工人参加管理"落到实处，不断提升职工的认同感、参与感、幸福感。

（一）提升产业工人政治地位。深化"推优入党"，5 年来，鞍钢共发展党员 6151 人，其中生产岗位工人 5340 人，占比 86.81%。推荐符合条件的一线职工作为各级党的代表大会、人民代表大会、职工代表大会代表，加大一线职工在各级劳模、道德模范、工匠等各类评选中的推荐选树力度，保证产业工人主人翁地位。

（二）提升产业工人参与度。注重发挥职代会民主管理主渠道作用，引导职工主动参与解决企业历史遗留问题、三项制度改革、企业重组等重点改革工作。在三项制度改革中，鞍钢集团职代会全票表决通过了《关于加强劳动合同和岗位合同管理 全面推行用工市场化的指导意见》。鞍钢通过四次职代会助力重组和改革顺利推进。

（三）提升产业工人幸福感。鞍钢党委把推进"我为群众办实事"重点民生项目作为央企担当的重要体现，连续三年开展重点民生项目，实施30项集团级民生项目，118项子企业级民生项目，总投入20多亿元，既有低碳环保、智能制造、复垦绿化等"大民生"工程，也有改善职工工作环境和生活福利设施，开展"金秋助学"和健康体检等"小民生"项目，让职工共享企业发展成果。活跃职工文化生活，凝聚职工力量。鞍钢拔河队多次代表中国参加世界大赛，获得9枚金牌，在世界赛场展示了鞍钢产业工人力量，唱响了鞍钢品牌。

下一步，鞍钢将牢牢把握全面贯彻落实党的二十大精神这条主线，坚持不懈用习近平新时代中国特色社会主义思想凝心铸魂，坚定信心、埋头苦干，砺身自强、再辟新程，在世界一流企业创建中奋勇前进，为全面建设社会主义现代化国家、全面推进中华民族伟大复兴贡献鞍钢力量。

鞍钢集团开展创新工作室联盟交流活动

召开鞍钢集团职工创新大会

以推进产改为抓手　增强职工主人翁地位

南京钢铁联合有限公司

南京钢铁联合有限公司始建于1958年，是江苏钢铁工业的摇篮。2022年营业收入1864亿元，位列中国企业500强第141位。南钢聚焦"绿色、智慧、人文、高科技"四大高质量发展特征，着力构建钢铁＋新产业相互赋能的复合产业生态。南钢坚持党建引领，深入践行产业工人队伍建设改革，积极推动"幸福企业"建设工作，持续提升职工的获得感、幸福感、安全感。企业先后荣获"中国工业大奖""全国五一劳动奖状"、全国总工会"提升职工生活品质试点单位"、江苏省总工会幸福企业建设试点示范单位等荣誉称号。

一、积极实施素质提升工程，畅通成长通道，让职工有"里子"

持续实施职工素质提升工程，搭建有利于优秀产业工人职业发展的培养平台和快速通道。

一是加强制度管理。制定实施《职工职业发展管理办法》，构建起工匠人才、经营人才、创业人才三类人才四个层级的"三纵四横"的职级体系。制订三年高技能人才培养计划，出台《南钢职工学历提升奖励办法》，大幅提高职工取证助学的奖励标准，2022—2023年，685名职工获得技能提升取证奖励，173名职工获得学历提升奖励，共计发放取证助学奖励金175.7万元。

二是打通职工职业发展通道。推行高技能人才、工程技术人才相互贯通的"双师制",打通各序列间的发展通道,使初、中、高级技能人才构成比例分别提升至25%、20%、30%,其中技师、高级技师占南钢高技能人才总数的20%以上。增设"高级操作师",操作序列职衔由六级调为七级,"首席操作师"的津贴待遇提高至每月8000元。

三是搭建职工素质提升平台。创新实施"培训+培养""线上+线下""系列+分层""名师+专家"相结合的培训培养模式,成立南钢工匠学院。2022年共投入职工教育经费1300余万元,举办各类型、各层次培训班1300余个,培训职工8万余人次。开展职工岗位技能"百冠赛"活动,2022年,共举办102项赛事,工种覆盖率68%,人数覆盖率90%。

四是推进职工技术创新体系建设。创建95个劳模、技师和职工创新工作室,一批职工创新工作室获得国家级、省级、市级和行业级荣誉。每年投入200多万元作为基层创新奖励金,鼓励职工开展创新,2022年评选出职工微创新成果555项,其中金奖38项。南钢职工谢章龙《超低温9Ni钢开发助力低碳能源发展》创新成果获得第七届全国职工优秀技术创新成果二等奖,南钢职工许旭东成果获得2022年江苏省职工十大先进操作法。黄龙技师创新工作室、田浩技师创新工作室获得"全国机械冶金建材行业示范性创新工作室"。

二、大力实施优秀职工奖励激励机制,选树先进典型,让职工有"面子"

一是深入开展"三领一铸"工程活动,大力加强企业基层党组织建设,促进党建和生产深度融合。发展党员计划向一线产业工人倾斜,2022年在产业工人队伍中共发展党员165名,2023年计划在产业工人队伍中发展党员140名。大力开展党员创新先锋岗活动,全公司44个"党员创新先锋岗"不断丰富活动内容,收获活动成效,使公司创新驱动发展理念在基层党支部有效落地,带动广大员工共同促进企业创新能级的提升。

二是始终坚持共创共享共发展的理念，提高职工收入待遇，让职工创造经济价值，实现人生价值，真正成为公司的主人翁。出台《薪酬管理办法》等，完成职位体系改革、薪酬体系改革等"职级薪酬改革"。建立完善全员合伙人模式，配套构建一体化基本薪酬、多元化奖励手段、短中期相结合的激励机制，积极实施利润分成、股权激励，打造公司与职工利益共同体、事业共同体和命运共同体，职工的收入连续4年保持较高水平。

三是发掘选树宣传各类先进典型，充分激发职工的自豪感和积极性，让职工更有"荣誉感"。每年评选特别功勋、南钢劳模等先进人物。开展劳模工匠宣讲活动，大力弘扬劳模精神、劳动精神、工匠精神。2023年，南钢职工张红军获得"全国五一劳动奖章"，并被推选为南京市政协十五届委员会委员。黄龙被评为全国技术能手，姚凤凤和许旭东获得"江苏省五一劳动奖章"，姚凤凤光荣当选为全国工会十八大代表，牛帅获得"第十一届南京市十佳文明职工"荣誉称号。对评选出的先进人物，公司除给予物质奖励以外，工会还专场安排他们疗休养。公司职代会代表中，一线职工代表比例超过50%。

三、坚持办好"衣食住行卫健娱保"八件事，强化服务保障，让职工有"归属感"

一是坚持源头维护职工合法权益。创新采用集体协商"1+N"模式，即一个主体合同加《职工技术创新专项集体合同》《"能级工资"专项集体合同》等多个专项合同，使之成为职工民主参与、民主决策的常态化协商机制，至今已经签订7轮集体合同。

二是搭建"南钢特色"保障体系。建立"基本医疗保险、钢惠保、宁惠保"三重保障＋精准帮扶的保障体系，鼓励引导职工参与"宁惠保"、江苏医惠保等普惠型补充医疗保险，共为6637名参保职工，按29元/人标准发放补贴19.2万元。2022年共投入973.94万元用于职工、退休职工困难补助、特困帮扶、慈善救助等。

三是开展提升职工生活品质工程。新建智慧食堂,大幅改善就餐环境,提升用餐体验,让职工沉浸式体验"最美一餐在食堂"。每年投入 620 多万元改善职工生产生活条件,改造职工浴室、卫生间等设施。建成国家工业旅游示范基地,获评国家 AAA 级旅游景区。

四是积极倡导健康向上的生活理念。成立由党委书记、董事长挂帅的文体联合会,下设足球协会等 14 个单项协会,吸纳会员 2700 人,形成干群同乐的良好氛围。南钢体育馆、职工文体活动中心常年开放,各级单位共为职工提供足球、乒乓球、羽毛球、健身房、拔河等运动训练基地 63 个。以群众性、趣味性、参与性为出发点,以健康、幸福为目的,组织开展文体"百冠赛"各项比赛活动。2022 年举办了唱歌、朗诵、跳绳、踢毽子等 10 项线上活动,组织了拔河、大众体育、篮球、乒乓球、羽毛球、健康跑等 21 项体育比赛,2200 人次参与,产生 79 个冠军。南钢影剧院正式上线,南钢员工可以在自己的影剧院观看与外面院线同步的最新电影。

五是提升服务质量。成立南钢退休职工协会,下设 6 个退休职工服务站、96 个服务片区,秉承"热心、爱心、耐心和贴心"的"四心"服务理念,为 12500 余名退休职工做好服务工作,办好事实事,让他们老有所依、老有所乐、老有所为。每年春节、端午节、中秋节、重阳节四个重要节日为每位退休职工共计发放 3000 元慰问金。每年拿出 100 多万元对 100 多名生大病退休职工、困难退休职工、退休劳模、孤寡退休职工等进行精准帮扶。南钢成为行业首家 SA8000 企业社会责任管理体系认证企业,并入选《钢铁行业社会责任蓝皮书(2022)》优秀案例。

随着产改工作的不断推进,南钢职工士气大涨,生产经营指标不断攀升,企业竞争力明显增强。2022 年,南钢成为入选"2022 年中国大学生喜爱雇主榜单"的唯一一家钢铁企业。职工幸福满意度达 99.13%,对南钢未来发展信心指数达 97.73%,真正实现了让职工"收入显著提升、健康显著改善、福利显著优化、素质显著增强"的产改美好初衷。

2022年6月29日南京钢铁举办"双百冠"电工岗位技能竞赛

南京市人大常委会副主任、市总工会主席谈健为黄龙创新工作室颁发了"全国机械冶金建材行业示范性创新工作室"奖牌

产改赋能　共铸力量
建设新时代高素质钢铁产业工人队伍

湘潭钢铁集团有限公司

湘潭钢铁集团有限公司始建于1958年，经过60多年的建设发展，现已成为中国南方千万吨级精品钢材制造基地、全球单体规模最大的宽厚板生产基地。产品涵盖宽厚板、线材和棒材三大类400多个品种，形成了年产1600万吨钢生产规模，其中湘钢本部1200万吨、阳春新钢铁400万吨，资产总额641亿元。2022年实现销售收入1094亿元，利润50.9亿元。近年来，湘钢认真贯彻中共中央、国务院印发《新时代产业工人队伍建设改革方案》精神，对接省委"三高四新"战略，立足企业战略，积极打造新时代钢铁产业工人队伍。目前公司拥有高技能人才3282人，其中七一勋章获奖者1人、中华技能大奖获得者2人，享受国务院政府特殊津贴专家4人，享受省政府特殊专家津贴4人，全国、省部级在职劳模13人。

一、坚持以党建为引领，把握产业工人队伍建设大方向

一是突出政治引领。牢牢把握湘钢产业工人队伍建设改革正确政治方向，用习近平新时代中国特色社会主义思想武装头脑，以组织开展党的二十大精神宣讲会、送党课下基层、主题党日等形式，教育引导广大产业工人增强"四个

意识"、坚定"四个自信"、坚决做到"两个维护"。加强理想信念、职业精神和职业素养教育，大力弘扬劳模精神、劳动精神、工匠精神，组织开展"劳模精神宣讲会""职工大讲坛""工人阶级宣传月"活动，引导产业工人爱岗敬业、甘于奉献。

二是注重顶层设计。组织召开党委会专题研究新时代湘钢产业工人队伍建设，成立了改革领导小组，建立了党委领导、行政实施、工会参与的工作机制，制定符合湘钢实际的人才发展规划，从顶层设计上破除产业工人成长体制"瓶颈"，构建了"选、育、用、留"四位一体的产业工人队伍培养体系。

三是强化作用发挥。加大在产业工人队伍中发展党员力度，把技术能手、青年专家、优秀工人吸收到党组织中来，通过开展"向我看齐""党员登高""党员先锋行""党员积分"等特色活动，充分发挥产业工人现场熟、经验足、技术精的优势，在急难险重工作中彰显作为，实现自身进步与企业发展共同提升。每年由基层党员产业工人骨干牵头完成各类现场攻关300余项，解决技术难题220余个，近6年来各类特色党建活动有效助推技术攻关、挖潜降本，累计创效36.4亿元。

二、坚持以职工为中心，搭建产业工人素质提升大平台

一是拓宽人才通道。坚持"引才引智"，引入高层次人才，完善人才服务体系，全方位拴心留人。近年，引入全日制冶金、自动化、机械、智能制造等相关专业本科以上347人，其中"双一流"院校大学生占比达70.6%（清华北大毕业生13人），硕博研究生占比31.4%，博士研究生已有21名；通过博士后流动站、实施短期聘用、项目引进等方式引入品种研发、政策研究的高端人才。所"有"与所"用"相结合，极大地优化了人才队伍结构和稳定了人才队伍可持续发展；坚持"多方多途"，按照人才成长规律，紧扣钢铁企业特点，借助现代人力资源管理的方法手段，开辟了管理类、技术（业务）类、操作类3条职业发展通道。特别对操作类职工，设立专业技师、专家技师、首席技师、高级

首席技师、首席工匠、高级首席工匠、工匠大师岗位序列。同时增设主任、副主任工程师岗位，贯通了技术与管理类员工任职交流。修订了核心员工任职资格标准体系，配置核心员工岗位 1000 余个，对于解决重大工艺技术难题和重大质量问题、技术创新成果获得省部级以上奖项的高技能领军人才，取消学历、年限等限制，破格晋升技术等级。

二是加大技能练兵。积极搭建岗位练兵和技能竞赛"双结合"素质提升平台。依托职工培训中心，充分发挥冶金仿真实验室、网络培训平台、VR 虚拟现实培训系统以及无纸化"智慧考试系统"等一系列具有行业特色实训室的培养作用。坚持每两年举办一次公司职业技能大赛，设立 50 余个比赛工种，参赛职工达 5000 余人，同时择优参与全国、钢铁行业及省市职业技能赛、技术比武以及岗位练兵等活动，涌现了赵旋、欧勇等一批"全国技术能手""省百优工匠"。

三是创新培养载体。投入 2000 余万元建设以劳模、技能专家命名的工作室，建成"艾爱国劳模创新工作室""冯宇技能大师工作室"等国家级技能大师工作室 3 个、省市级技能大师工作室 4 个、首席技师工作室 15 个，是湘钢产业工人队伍培训的基地、创新的高地、人才的阵地；打造培训中心作为湘钢产业工人队伍培训及后备产业工人队伍储备基地，占地面积 102.6 亩，近年累计投资 6000 多万元进行提质改造，教学设备设施齐全、环境优美、师资力强，先后荣获全国企业培训先进单位、国家技能人才培育突出贡献奖、全国冶金行业职业技能鉴定先进单位、国家高技能人才培训基地等荣誉和称号；交叉开展技能取证和职称申报等工作，着力培育"工程师+技师"的"双师型"技能人才队伍，2018 年以来公司"双师型"职工新增 87 人，与湘潭市人力资源和社会保障局合作开展"金蓝领培训"项目，投入近 400 万元改造了焊工、天车工实训基地，邀请国家、省级技能大师组建专兼职队伍，打造了焊工、天车工高技能人才培养体系，"金蓝领培训"项目实施至今，共举办焊工培训班 7 期、天车工培训班 5 期，为湘钢培养了高技能人才 320 余名，向湘潭市输送高技能人才 240 余名；深化院企合作和强企联手，与钢铁研究总院签订战略合作协议，在人才培养尤其是高层次应用型人才培养方面开展全方面合作，与华为、湖南移动合作实施钢铁人工智能项目，推动湘钢数字化转型升级，引领产业工人从"制造"向"智造"转变。目前，湘钢高技能人才占比达到43%，有力提升了企业精品制造能力，湘钢产品广泛应用于国内港珠澳大桥等超级工程建设，在俄罗斯亚马尔项目、克罗地亚佩列沙茨跨海大桥等国际重大项目中也频繁亮相。

三、坚持以奋斗者为本，激发产业工人干事创业大活力

一是文化上引导。大力弘扬"以奋斗者为本"的企业核心价值观，对产业工人队伍中涌现的标杆典型，通过电视、报纸、网络等媒体大力宣传"湘钢工匠精神"，每年组织开展"向奋斗者致敬"迎春座谈会和慰问走访活动，五一期间对劳动模范、模范班组等奋斗型先进个人和集体组织考察、评选和表彰，并组织召开奋斗者先进典型表彰大会，以最高规格、最隆重的形式举行了"争当受人尊敬的奋斗者"英模事迹宣讲会，组织先进代表荣誉性旅游和疗休养，在全公司奏响了"工人伟大、劳动光荣"新时代主旋律，持续激发产业工人队伍奋斗热情和活力。

二是机制上激励。每年公司投入经费1100万元围绕提升盈利能力和技术经济指标，开展"对标挖潜，绩效争先"和"指标提升，争先进位"为主题的系列劳动竞赛和专项劳动竞赛，各二级单位基层工会也根据各单位情况，在关键岗位、生产线开展有特色劳动竞赛，形成了公司、厂、车间三级竞赛网络；加强对科研成果及科技人员的正向激励，评奖组织机构颁发的奖励100%落实，由公司牵头申报的科技成果奖励根据荣誉类型和等级给予1万元至500万元的嘉奖，发明专利奖励连年提升，2022年公司获专利授权157项、省部级科学技术奖5项，申报冶金科技奖2项，创近年新高；每年坚持开展挖潜创效项目、合理化建议、金点子征集、大献策、"芙蓉杯"竞赛、"五小"等职工技术创新创效活动，职工参与率达100%，提出各类金点子1210条，为公司生产运行稳定高效作出了突出贡献。

三是权益上维护。坚持和完善以职工代表大会为基本形式的民主管理制度，每年组织职工代表与公司行政进行工资集体协商；开展以"安康杯"竞赛为载体的群众性安全生产和职业健康活动，先后投入4800多万元，对厂内食堂、澡堂、卫生间及班组休息室等生活设施和厂区生活用水进行改造升级，大幅改善了职工的工作生活条件；对弱势职工群体保持着"时时放心不下"的责任感，构建"大帮扶"格局，每年帮扶困难职工及其家属、退休职工发放扶贫帮困款、慰问金约600万元，开辟大病关爱等绿色通道精准帮扶，打通服务职工"最后一公里"；以全总"提升职工生活品质试点工作"为契机，围绕"品质生活·幸福湘钢"，培育富有特色的企业精神和健康向上的企业文化，每年投入大量资金加强企业文体娱乐设施建设，新建体育中心，翻修篮球馆、室外体育场所，坚持月月有活动，组织职工开展拔河、各类球赛、工间操、书画摄影展、风采秀等主题突出、形式多样的全民健身和文化体育活动，不断满足企业职工的新需求、新期待、新向往。

建设新时代高素质钢铁产业工人队伍是湘钢实现转型升级、推动企业高质量发展的重要经验。下阶段，湘钢将以习近平新时代中国特色社会主义思想为指导，认真贯彻落实新时代产业工人队伍建设改革各项要求，不忘初心，牢记使命，开拓进取，进一步加强高技能、高素质产业工人队伍培养，为湖南实施"三高四新"战略、实现中华民族伟大复兴的中国梦贡献钢铁力量！

湘钢劳模工作室是产业工人队伍培训的基地、创新的高地、人才的阵地

湘钢引领产业工人从"制造"向"智造"转变

深入推进产业工人队伍建设改革
为重振雄风、做强包钢提供强有力的人力支撑

包头钢铁（集团）有限责任公司

包钢成立于1954年，是国家在"一五"期间建设的156个重点项目之一，是新中国在民族地区建设的第一个大型钢铁企业，也是周恩来总理唯一亲临投产剪彩的钢铁企业。习近平总书记参加十三届全国人大四次会议内蒙古代表团审议时指出，内蒙古创造了"齐心协力建包钢"的历史佳话。经过69年的改革发展，包钢目前已发展形成钢铁、稀土为主业，资源及综合利用、物流、煤焦化工、节能环保、装备及生产生活服务等新兴产业协同发展的产业体系，是我国重要的钢铁工业基地和世界最大的稀土工业基地，拥有"包钢股份""北方稀土"两个上市公司，在岗员工5万人。

2021年以来，包钢先后被确定为内蒙古自治区产业工人队伍建设改革全面试点、包头市壮大产业工人队伍试点及自治区保障产业工人队伍政治地位项目试点。按照上级部署，包钢聚焦试点任务，加强组织领导，优化工作机制，持续推动产业工人队伍建设改革工作向纵深发展，形成企业和职工共商共建共享的良好局面。

一、着力强化思想引领,保障和提升产业工人政治地位

一是加强理想信念教育。以学习贯彻习近平新时代中国特色社会主义思想主题教育为契机,推动产业工人坚持不懈用习近平新时代中国特色社会主义思想凝心铸魂;充分利用红色资源,发挥"齐心协力建包钢"展陈馆、稀土博物馆作用,并通过出版书籍《红色包钢印记》,创作大型情景剧,举办主题故事会等多种形式,为产业工人提供丰富的红色精神文化滋养。

二是发挥党组织优势。加大产业工人队伍中发展党员力度,2022年发展253名产业工人入党。探索推行党小组和生产班组"两组"融合共建,制定《关于在企业高质量发展进程中推进党小组与工段班组融合共建的实施意见》,通过"五个一体化",将党的政治优势、组织优势贯穿于班组建设的全过程。

三是拓宽参政议政渠道。深入推进以职代会为基本形式的企业民主管理制度化规范化建设,职代会和厂务公开建制率达100%。修订《包头钢铁(集团)有限责任公司章程》时,新增"职工民主管理"专章。常态化开展"三问"活动,2022年征集职工意见建议766条,落实答复率100%。2023年"听民声、汇民意、聚民智,突围打样创一流"建言献策专项活动征集"金点子"500余条。目前,包钢职代会基层和一线产业工人代表占70.73%;2人进入工会常委会,1人当选工会兼职副主席;包头市、自治区级党代表和政协委员中一线产业工人共35名。

二、着力构建产业工人发展提升体系,充分发挥产业工人主力军作用

一是持续提升产业工人技能水平。深入实施"全员素质提升工程",2022年举办各类培训8079期,培训34万人次,全员培训率99.03%;强化高技能人才带徒传技、技能大师工作室建设、校企合作及"订单式"培养等,持续培养优秀技能人才;积极推进职业技能竞赛提质扩面,推动形成以公司级竞赛为引领,板块级、厂矿级竞赛为主体,车间级岗位练兵为基础的综合竞赛体系。

2020年至2022年，累计组织各级竞赛323个工种，1.1万人次参赛，培训覆盖1.9万人次，首个竞赛工种三年全覆盖目标如期实现，职工技能水平持续提升。

二是进一步拓宽产业工人职业发展通道。持续完善职业技能等级、专业技术职务以及管理岗位相互衔接、相互转换的管理机制，系统构建7级专业技术人才职业发展体系和8级技能人才职业发展体系，健全经营、技术、技能三支人才队伍职业发展晋升制度，构建产业工人横向贯通有桥梁、纵向晋升有阶梯的人才成长模式。2021—2022年晋升技术等级6160人，占职工总数12.09%；2023年在已培养224名高技能领军人才的基础上，新增选聘45名，通过技能等级认定提升高级技师85名、技师514名，全面完成年度高技能人才培养"123"工作目标，即实现高级工和二工种人数新增10%以上，技师和高级技师人数新增20%以上，高技能领军人才人数新增30%以上。

三是积极搭建产业工人建功立业平台。以"全员参与"为导向，深化"五位一体"（公司、板块、厂矿、车间、班组）劳动竞赛体系，2022年，包钢开展各级竞赛555项，投入奖励资金5000多万元。节能环保项目竞赛连续两年列为自治区示范性引领性劳动竞赛。突出"小实活新"理念，鼓励职工立足岗位自主改善，2022年提出改善项目15043项，实施完成并申请奖励10050项。加强劳模（职工）创新工作室建设，创建各级工作室73个、自治区级电工劳模创新工作室联盟1个，正在建设焊工创新工作室联盟和实训基地。坚持面向一线，创新开展"包钢工匠""包钢好工人"评选活动，大力弘扬劳模精神、劳动精神、工匠精神。2023年，5项成果获包头市首届职工优秀创新成果奖；1项职工创新成果荣获第七届全国职工优秀技术创新成果一等奖，实现了内蒙古自治区参加该评选活动以来最高奖项零的突破。

三、着力提升职工生活品质，不断增强产业工人的获得感、幸福感、安全感

坚持产业工人队伍建设改革与提升职工生活品质试点工作统筹谋划、融合推进。2022年，包钢投入资金3亿多元，实施"三心"工程和"三彩"计划，深入推进职工生活幸福型企业建设。一是"舒心工程"让工作生活环境更舒适。实施绿色城市钢厂行动计划，年度厂区环境空气质量优良天数较上年同期增加39天，厂区绿化率达到48.8%。实施"三室一堂"改造提升计划，完成首轮450个休息室（控制室）、38座浴室、10个职工食堂升级改造，有效提升了一线职工特别是混合所有制企业职工的归属感。二是"安心工程"让职工生命健康更有保障。创新推进"安康杯"竞赛，年度排查隐患2.4万项，职工工作环境更安全。开通心理咨询热线，搭建网络咨询平台，选送心理健康讲座，投入500余万元为职工配备健康包，全方位为职工身心健康保驾护航。三是"暖心工程"让关爱服务体系更完善。组织职工参加重大疾病和住院医疗综合保障及女职工特殊疾病互助保障，为5.1万名职工新增意外伤害互助保障，并建立完善包钢企业补充医疗保险，构建起多维度保障体系。2022年至2023年6月，企业补充医疗保险累计为2991人次支付医疗费1348.18万元，总体报销比例达到95%，有效提升职工抗风险能力。四是"精彩计划"让职工精神文化生活更丰富。完成职工游泳馆修缮及河西公园1.5km健身步道修建。2022年组织文体活动556项，78500人次参与，大众普惠基本实现。五是"出彩计划"让职工发展晋升通道更畅通。出台26条举措，构建多个全流程、渐进式人才培养模型，推进高技能人才提质增量"123"计划；打造"启航、续航、远航、领航、护航"培训品牌。六是"添彩计划"让职工工资收入福利待遇更有保障。2022年公司整体在岗职工收入水平达到12.3万元，职工取暖补贴总额较上年度增加5560万元，逢年过节慰问品标准调整至2500元/人，并加大离岗歇工人员普惠性福利发放力度，企业发展成果更广泛惠及职工群众。

产业工人队伍建设改革是一项长期的政治任务。包钢将以更大力度、更加有效的措施持续探索创新，努力造就一支有理想守信念、懂技术会创新、敢担当讲奉献的产业工人队伍，为重振雄风、做强包钢，助推地方经济社会高质量发展贡献力量。

2023年包钢（集团）公司职业技能竞赛开赛仪式

包钢（集团）公司2022年员工自主改善管理暨职业技能竞赛总结表彰会

深化产业工人队伍建设改革
汇聚建设世界一流企业磅礴力量

酒泉钢铁（集团）有限责任公司

近年来，酒泉钢铁（集团）有限责任公司以习近平新时代中国特色社会主义思想为指导，认真学习贯彻党的十九大、二十大精神，深入贯彻落实习近平总书记关于产业工人队伍建设改革的重要指示要求，按照"政治上保证、制度上落实、素质上提升、权益上维护"的总体思路，聚焦重点，细化措施，形成了"四个工程""四个体系"的成熟产改模式，为公司高质量发展提供了人才支撑和队伍保障。

一、深化实施产业工人思想政治引领工程，着力构建产业工人参与公司治理体系

一是深化理想信念教育。广开思政课和群众性红色文化活动，把学习宣传贯彻习近平新时代中国特色社会主义思想融入产业工人思想政治引领全过程，以党的先进理论固本培元、凝心铸魂，引领产业工人听党话、跟党走。

二是深化党的建设。开展"五抓四促三融合""党建质量年"等活动，增强党组织政治功能和组织功能。坚持"三培养"思路，把优秀产业工人吸引到党组织中来，逐步提高一线党员比例，着力减少党员空白班组。组织开展模范创

建"一区一岗两队"活动，增强产业工人先进性，引导产业工人争当生产经营的能手、创新创业的模范。

三是加强职业精神和职业素养教育。积极选树各级各类"好人""模范"，开展宣教和志愿服务活动，引导产业工人树立并践行社会主义核心价值观。广泛开展"中国梦·劳动美""劳动创造幸福"主题宣传教育活动，举办"最美酒钢人"表彰大会，组织劳模、高技能人才疗养，送劳模上学，编印展板、光荣册进作业区、进班组，通过有特色、接地气、入人心的宣传宣讲，激励职工将劳模精神、劳动精神、工匠精神融入实干。

二、深化实施产业工人职业技能素质提升工程，着力构建产业工人技能形成体系

一是加强产业工人引育开发。每年通过实施定向引进、联合委培、双师制教育等方式促进技能人才素质稳步提升，现有首席技师14人，高级技师333人，技师1657人，高技能人才占技术工人比例超37%，较产改之前实现了无等级技能人员"减半"，高技能人才"翻番"。

二是完善产业工人激励评价体系。通过改革技能导向的薪资体系、配套关键操作岗位任职经历比照管理技术人员任职履历、技能人才跨序列进入管理技术岗位任职各项措施，打通了技术工人职业壁垒，畅通了技能人才发展通道。出台学费、考试费减免、薪资与技能等级挂钩等利好政策，鼓励职工参加继续教育、资格考试等，提升学历、资质和技能，并纳入薪酬、绩效体系引导职工提高素质。

三是为产业工人搭建建功立业、展示技艺的平台。广泛组织开展百万职工劳动和技能竞赛，深化四级竞赛机制，改进竞赛组织模式，多层次、多领域竞赛蓬勃开展，全员练兵、岗位建功氛围浓厚。每年开展"长专项"和"短平快"劳动竞赛近30项，发放竞赛奖励300余万元，参加省级重大工程示范性劳动竞赛项目成绩显著，参加全国大型耗能钢铁生产设备节能降耗对标竞赛荣获"创

先炉"称号。探索建立"培训、练兵、竞赛、激励"四位一体的技能竞赛育人机制，动态更新竞赛考核标准，重点检验职工在智慧制造背景下的实操能力和复合技能水平，近年来培育了7名"全国钢铁行业技术能手"、1783名省级技术能手、标兵，24名技术工人被即时授予"五一劳动奖章"。

四是大力实施青年素质提升工程，开展青年生产实践活动。成立青年文明号、青年突击队、青年安全监督岗。每年组织开展突击行动、攻克生产难题，让青年职工在实践中建功立业、成长成才。

三、深化实施产业工人创新创造能力提升工程，着力构建产业工人创新激励体系

一是实施"三创""三奖"。聚焦管理瓶颈、技术难题和制约生产的关键环节，充分发挥首席主管、首席工程师、首席技师作用，以创新带头人牵动创新团队，大力实施管理创新、技术创新、岗位创新"三创"活动，聚焦一点、带动一片，形成示范效应，同时用好"三项奖励"机制，激发职工创造热情。每年各类创新立项3500余项，申报获批专利500余件；表彰创新项目和团队600余项，发放各类专项奖励2000余万元。

二是创新"联盟""出圈"。深化劳模、技能大师工作室创建工作，探索推进以"创新型班组""创新工作室"为载体的联盟建设，最大限度地发挥集智创新，为各类人才搭建资源共享平台，引导工作室实现问题共议、难题共商、队伍共建，打破了以往"单打独斗"的局面，做到优势互补、融合并进。截至目前，全国示范性劳模创新工作室1个、国家级技能大师工作室2个，省级示范性劳模创新工作室7个。

四、深化实施产业工人生产生活质量提升工程，着力构建产业工人关爱服务体系

一是体面劳动，让职工政治有地位。增加一线职工在各级各类代表大会及

其委员会中的占比，选派职工代表列席公司重要会议，选举职工董、监事进入公司董事会、监事会，保障职工的话语权。加大一线工人中评先树优力度，劳模、先进中技术工人占比70%以上，更有工匠、金牌工人、优秀班组长等为一线职工量身打造的荣誉。创新表彰方式，开展"送奖上岗"，将年度颁奖典礼"搬"到现场，把公司各条战线各类奖项送到一线，充分体现对职工的尊重。

二是维权服务，让职工权益有保障。健全以职代会为基本形式的企业民主管理制度，每年召开职工代表大会审议审查公司重大决策事项，征集办理职工代表提议提案，深化厂务公开、集体协商，保障职工的知情权、参与权、表达权和监督权。加强工会劳动保护检查、调研，强化辅助、监督职能，形成安全专业管理和职工群防群治的有益模式。成立职工健康管理专责机构，针对性地开展职工健康检查、监测、分析、干预，注重心理疏导和压力排解，确保职工生命安全、身心健康。

三是关爱互助，让职工生活有品质。以职工需求为导向，实施"普惠+精准"的关爱制度，针对不同原因致困职工给予精准识别、精准帮扶，持续推进基本医疗保险、大病保险、医疗救助、应急救助、职工互助等制度间互补联动，形成保障合力。深化开展以"冬送温暖、夏送清凉、秋送助学、节送慰问、难送帮扶、病送关怀"为内容的"六送"活动；年节和生日为职工发放普惠性福利，疫情时期给予职工特殊关爱；健全制度、标准，持续优化改善一线职工的生产生活条件；聚焦职工群众急难愁盼办实事，心脑血管疾病普查、女职工"两癌"筛查、开设职工食堂、老旧计算机升级以及修建停车场、增设充电桩等一系列好事实事逐年落实，职工生活品质逐年提升。

五、思考和体会

（一）坚持党的领导、提高站位。要深刻领悟习近平总书记关于产业工人队伍建设改革的重要指示要求，坚持党的领导，胸怀两个大局，从巩固党的执政基础、促进高质量发展的高度认识、谋划、推进改革，坚持同频共振、同向发力，确保改革始终沿着正确方向，团结带领广大产业工人听党话、跟党走。

（二）坚持统筹协调，完善机制。要将产业工人队伍建设改革工作纳入公司改革大局一体考虑、一体推进，构建起党委领导、党政共管、部门（单位）各负其责，上下联动、广泛参与、合力推进产业工人队伍建设改革的领导体制和工作机制。要将好的经验以制度化的形式固定下来，构建起全面规范、科学完备的改革制度体系。要加强宣传推广，适时召开推进会、座谈会，开展经验交流，推动改革向纵深发展，确保各项有力举措落实落地见效。

（三）坚持高端引领，整体开发。一方面加大高技能、专精尖人才引育开发力度和政策支持力度，为高端人才提供创新实践平台和开放包容的环境，有效发挥高端人才的传承效应和示范带动作用。另一方面推动素质提升工程提质扩面，全方位、多层次推动产业工人队伍梯次发展，整体提升，为深化企业发展成果共享机制、助力产业工人成长成才奠定政策基础和制度保障。

（四）坚持以人为本、注重实效。要树牢"以人民为中心"的发展思想，遵循人才成长规律，尊重多元价值诉求，始终围绕产业工人特点和需求谋划推进改革，多渠道助力产业工人享有更稳定的工作、更满意的收入、更可靠的保障、更充足的福利、更丰富的精神文化生活，增强产业工人的获得感、幸福感、安全感。

酒钢集团公司东兴铝业公司铝电解工更换阳极作业

甘肃省百万职工劳动和技能竞赛铝电解工省级一类决赛暨2023年酒钢集团公司职工职业技能竞赛开赛仪式

持续推动产业工人队伍建设改革
筑牢中冶集团高质量发展的坚实基础

中国冶金科工集团有限公司

中国冶金科工集团有限公司可追溯至新中国最早一支钢铁工业建设力量，是中国钢铁工业的开拓者和主力军，从1948年投身"中国钢铁工业的摇篮"鞍钢的建设，到建设武钢、包钢、太钢、攀钢、宝钢等，先后承担了国内几乎所有大中型钢铁企业主要生产设施的规划、勘察、设计和建设工程，是构筑新中国"钢筋铁骨"的奠基者。

中冶集团始终把建设一支技艺精湛、技能高超、素质优良的高技能人才队伍作为产业工人队伍建设改革的重要内容，畅通渠道，搭建平台，在推动技能人员整体素质能力不断提升的基础上，涌现出一大批拔尖技能人才和大国工匠。集团现有技能人才近1.4万人，其中高级工及以上的高技能人才6033人，占比43%，大学专科及以上学历3631人，占比26%。集团始终高度重视技能领军人才队伍建设，现拥有中华技能大奖获得者3人，世界技能大赛金牌选手3人，全国技术能手77人，国家级技能大师工作室6个，23人获聘中国五矿首席技师、特级技师，评聘中冶集团工匠、首席技师30名。高技能人才中25人享受国务院政府特殊津贴。集团现有在职全国劳模12人、全国五一劳动奖章获得者38人、省部级劳模17人。

近年来，中冶集团党委认真学习习近平总书记关于产业工人队伍建设改革的重要指示精神和党中央决策部署，按照政治上保证、制度上落实、素质上提高、权益上维护的总体思路，聚焦产业工人思想引领、建功立业、素质提升、地位提高、队伍壮大等重点任务，推动改革向纵深发展。

一、在政治保证方面凝心聚力，畅通产业工人参与民主管理渠道

一是坚持党管人才。印发《关于中冶集团进一步加强党委联系服务专家工作的通知》《中国冶金科工集团有限公司中冶工匠、首席技师管理办法》等文件，始终坚持党管人才原则，并贯穿到培养、使用、管理高技能人才的全过程，同时把政治素质作为衡量高技能人才的必备条件，将中冶工匠、首席技师纳入公司和子公司党委联系服务专家范围，通过多种形式关心关注中冶工匠、首席技师，听取意见建议，帮助协调解决问题，为打造一支爱党报国、敬业奉献、技艺精湛、素质优良、规模宏大、结构合理的高技能人才队伍提供坚强的政治保障。

二是加强政治引领。面向高技能人才强化政治引领和政治吸纳，做到政治上充分信任、思想上主动引导、工作上创造条件、生活上关心照顾，在集团内形成尊重人才、善待人才的良好氛围，不断激励广大产业工人以主人翁姿态积极投身企业高质量发展主战场。所属中国五冶工会坚持以思想政治建设为牵引，全面深化产业工人思想政治建设、培养体系建设、建功平台建设和机制保障建设"四个建设"。所属中国十七冶、中国二十冶等工会邀请劳模工匠、技能大师到基层宣讲，推动理论武装深入基层、深入群众，动员广大产业工人坚定不移听党话、跟党走。

三是畅通民主渠道。注重发挥产业工人在企业民主管理中的主力军作用，注重在中冶工匠、首席技师等高技能人才中推选职工代表，注重在工会等群团组织中挂职和兼职、列席企业重要会议，切实参与企业改革发展、生产经营的重大事项的决策。所属中国十九冶工会拓展职工代表巡视检查办法；所属上海

宝冶工会发挥职工代表巡视检查监督作用，开展劳保、安全、食堂专项检查。所属中国二十二冶工会连续两年召开"领导班子与职工代表面对面听政问政会"，共解决关于公司生产经营、职工民生等方面的问题330项。

二、在制度落实方面群策群力，拓宽产业工人发展空间

一是在长效机制上发力。制定《中国冶金科工集团有限公司中冶工匠、首席技师管理办法》，命名中冶工匠10名、首席技师20名，不断健全技能领军人才培养、使用、评价、激励制度。修订完善《中国冶金科工集团有限公司职称评审管理办法》，支持工程技术领域高技能人才参加工程系列职称评审，打开高技能人才职称上升通道。

二是在创新机制上"搭台"。支持中冶工匠、首席技师带头建设省部级及以上技能大师工作室（省部级及以上创新工作室56个），鼓励各单位结合实际，积极探索"揭榜领题"机制，为中冶工匠、首席技师参与重大生产决策、重大技术革新和技术攻关项目创造条件；探索实行"技师+工程师"等团队合作模式，在科研和技术攻关中发挥高技能人才创新能力。所属中冶宝钢工会修订完善并下发《关于进一步推进劳模工匠（技师职工）创新工作室创建工作方案》，大力支持高技能人才创新工作室创建。所属中国二十冶每年组织年度创新工作室评比发布会，采取末位摘牌的方式，激励创新工作室发挥作用。

三是在培养机制上见效。建立高技能人才继续教育制度，由所在单位安排中冶工匠、首席技师每年参加1次专业培训或研修交流，促进高技能人才知识更新，适应技术创新、工艺改造、产业优化升级等要求。所属中冶武勘工会积极搭建与高校、科研院所的产学研用平台，开展硕博学历教育，申报博士后创新实践基地。所属中国十七冶工会定期组织高技能人才参加清华大学与国资委联合开展的专题培训，与安徽工业大学、西安建筑科技大学等高校合作开展理论实操培训，不断提升产业工人整体素质。

三、在素质提高方面用心发力，强化高技能人才培育力度

一是坚持以赛促学。多年来，中冶集团以各级高水平技能大赛为主要抓手，广泛开展劳动者和技术技能人才技能比武和岗位练兵，为优秀人才脱颖而出创造了条件。集团技能大赛每两年举办一届，截至2021年大赛已举办8届，前5届大赛为集团独立举办，从第六届开始，大赛由集团和中国冶金建设协会联合举办，并将赛事提升至冶建行业层面。在集团的引领和带动下，子企业层面技能比武广泛开展，2021年，15家子企业自主举办技能竞赛或劳动竞赛，竞赛职业（工种）近20个，参赛人员超过2000人，有效推动了劳动者职业技能培训，促进了技能人才技术技能水平的持续提升。此外，各单位积极参与行业和地方高水平技能赛事，一批成绩优异选手跻身全国、行业、地方技术能手（工匠）行列。所属上海宝冶工会连续7年成功选树了10名"上海工匠"，已成为公司打造高技能人才队伍建设的亮丽"名片"。

二是坚持以赛验学。自2011年中国首次组队参加世界技能大赛开始，中冶集团始终活跃在世界技能大赛工作中，除了积极承担全部五届大赛的焊接项目中国集训基地任务和四届建筑金属构造项目中国集训基地任务，分别在2017年、2019年的第44届、45届世赛上，宁显海、赵脯菠以精湛的技艺成就了中国在焊接项目上的三连冠，建筑金属构造项目的银牌也创造了该项目参赛以来的最佳战绩。中冶集团已在焊接领域和建筑金属构造领域锻炼了一支技术精湛、忠诚敬业的专家和教练员队伍，焊接项目专家组组长刘景凤多次受到人社部表彰，建筑金属构造项目专家组组长马德志在2018年被世界技能组织认定为世界技能大赛该项目副首席专家，这也是我国培养出的首位世赛首席专家。

三是坚持以赛促练。集团也根据所处的行业特点和各子企业技能人才队伍建设实际需要，每两年举办一届集团职业技能大赛，大赛经人社部备案后被认定为国家二类重要高水平赛事，获得前三名的选手可被授予"全国技术能手"荣誉称号。广大技能人员以赛代练，层层选拔，企业内苦练技能、追求卓越的

氛围日益浓厚。所属中国二十二冶工会组织 8 名选手报请中华人民共和国人力资源和社会保障部批准后被授予"全国技术能手"称号。

四、在权益维护方面不遗余力，与产业工人共享改革发展成果

一是提升高技能人才待遇。设立中冶工匠、首席技师岗位津贴，标准为：中冶工匠 7000 元/月，首席技师 5000 元/月。该岗位津贴实行工资总额单列管理，由中冶工匠、首席技师所在单位按月发放。鼓励各单位试行专项特殊奖励、股权期权激励、技术创新成果入股、岗位分红等激励办法。中冶工匠、首席技师差旅、交通、通信、体检待遇可参照子公司中层正职标准执行。

二是加快创新成果转化。要求各单位大力支持中冶工匠、首席技师带头建设省部级及以上技能大师工作室，推动生产工艺技术革新和科研成果落地转化，逐步形成产业、行业技术技能趋势引领力量。在集团的指导和大力支持下，子公司技能大师工作室建设也取得显著成效。目前，集团获批国家级技能大师工作室 6 个，获批省部级技能大师工作室 14 个。技能大师工作室为高技能领军人才带徒传技、技能攻关、技艺传承等提供了良好平台，加速了技术技能革新成果和绝技绝活的推广和应用。集团各子企业工会加大劳模工匠创新工作室创建力度，积极协助工作室孵化创新成果。目前，集团共有国家级创新工作室 5 个，省部级创新工作室 41 个，工作室拥有专利 2270 项，为企业带来直接经济效益 229.7306 亿元。

三是营造尊才爱才氛围。要求各单位积极推荐中冶工匠、首席技师参加国家级、省部级高技能人才评选表彰，在中冶工匠、首席技师中发展党员，优先参选"两优一先"、劳动模范和"两代表一委员"等。集团工会在组织开展劳模疗休养活动时，更是将各级企业获评省部级以上工匠、技能大师人员纳入疗休养范围，营造尊重人才、爱护人才的良好氛围。

2023 年初，中冶集团提出"一创两最五强"奋斗目标（即以创建具有全球竞争力的世界一流企业为牵引，以打造具有超强核心竞争力的冶金建设运营

最佳整体方案提供者,国际知名、国内领先的基本建设最可信赖的总承包服务商为目标,努力把中冶集团建设成为价值创造力强、市场竞争力强、创新驱动力强、资源配置力强、文化软实力强的世界一流投资建设集团),进一步优化了"一核心两主体五特色"的业务结构(即以冶金建设为核心,房建、市政基础设施为主体,检验检测、新能源材料、矿产资源、水务环保、冶金装备制造为特色)。同时,以"五个专项行动""提升基础管理三年行动"为重要抓手,推进现代企业管理体系化建设。面对新机遇、新挑战、新要求,中冶集团将紧跟时代步伐,推动产业工人队伍建设改革在企业全面落实落地,充分调动广大产业工人的积极性主动性创造性,发挥产业工人主力军作用,为推进企业高质量发展提供坚实人才和技能支撑。

2021年10月，中国冶金建设行业职业技能竞赛暨中冶集团第八届职业技能竞赛开赛

中国冶金建设行业职业技能竞赛暨中冶集团第八届职业技能竞赛实操考试

第四部分

有色金属行业

争当主人翁　奋进新时代
为加快建设世界一流企业而努力奋斗

中国有色矿业集团

中国有色矿业集团有限公司成立于1983年，是国务院国资委管理的大型中央企业，是我国有色金属工业最早实施"走出去"战略、国际化经营成果最丰硕的企业之一。形成了高质量的"一带一路"倡议实践，在境外建成了以铜为主的资源开发"全产业链"模式，形成了"走出去"的先发优势、人才优势、品牌优势和带动优势，位居"中国企业全球化50强"第18位。

近年来，在中华全国总工会和国务院国资委党委的领导下，按照中国有色集团党委部署，中国有色集团各级工会深入学习贯彻习近平新时代中国特色社会主义思想，坚决贯彻落实习近平总书记关于产业工人队伍建设改革的重要指示精神和对中国有色集团作出的三次重要指示批示精神，扎实推进产业工人队伍建设改革，团结引领中国有色集团广大海内外职工凝心聚智、踔厉奋发，广大职工综合素质不断提升、主人翁地位进一步彰显，为深入实施"创新引领，做大资源、做精材料、做强工程、做优贸易"的"1+4"发展战略，加快建设世界一流企业打下坚实基础。

一、找准"切入点",凝心铸魂,在提升广大职工的思想引领力上下大功夫

中国有色集团工会深入学习贯彻党的二十大精神、中国工会十八大精神,切实践行习近平总书记对中国有色集团的三次重要指示批示精神,通过主题演讲、学习征文、知识竞赛、文艺展演、职工迎新等多种方式,将学习贯彻习近平新时代中国特色社会主义思想、习近平总书记关于工人阶级和工会工作的重要论述结合起来,引导广大职工"真学真懂真信真用",凝心铸魂,自觉做习近平新时代中国特色社会主义思想的坚定信仰者、忠实践行者,增强深化落实习近平总书记三次重要指示批示精神的思想自觉和行动自觉。深入开展党史学习教育,开展"中国梦·劳动美——永远跟党走""青春献有色 建功十四五""喜迎二十大 建功新时代"等系列宣传教育活动,凝聚思想共识、激发奋进力量。编印《中国有色矿业集团有限公司基层班组学习贯彻习近平总书记三次重要指示批示精神学习工作手册》《远方的牵挂——海外员工家属的一封家书》《逐梦——我的海外日记》等,推动习近平总书记对集团公司的三次重要指示批示精神进车间、进项目、进班组,实现基层全覆盖,使广大职工对"两个确立"的认识进一步深化,"四个意识"进一步增强,"四个自信"更加坚定,"两个维护"更加自觉,凝聚起以实际行动和出色业绩践行习近平总书记对集团公司三次重要指示批示精神的不竭动力。

二、找准"融合点",点面结合,在增强广大职工建功立业实效性上下真功夫

中国有色集团推进职工创新工作室建设,为创新人才、技能人才更好发挥作用搭建平台、提供舞台,不断丰富职工建功立业活动内容。围绕学习贯彻习近平总书记三次重要指示批示精神和生产经营任务目标,开展"比学习、比技能、比质量、比业绩、比创新"和"保安全、保效益、保目标"的"五比三

保"主题劳动竞赛，在解决技术质量问题、职工技能提升、安全环保质量、节能降耗、降本增效等方面取得积极效果，参加竞赛的班组达到1017个，基层覆盖率超过90%。开展在赞中资企业铜精矿化学分析检测技能培训暨技能竞赛；广泛开展"五小""合理化建议"等群众性创新创效活动，征集合理化建议超过11000项；创建职工创新工作室42个，开展课题超过1500项。通过开展竞赛和创新活动，广大职工创新创效的活力充分释放，推动中国有色集团实现高质量发展的积极性、主动性、创造性不断增强。

三、找准"突破点"，久久为功，在攻克广大职工素质提升难点上下苦功夫

无论是实施"1+4"发展战略、推动产业优化升级，还是实现"六个增效"、提高核心竞争力、增强核心功能，提高职工队伍素质都是基础和关键。中国有色集团工会大力实施职工素质建设工程，深化校企合作、企业合作，请进来、送出去，产教融合，开展职工技术技能培训，举办精细化管理、质量成本管理、安全生产等知识讲座，组织职工技术交流，开展"师徒结对"等培训提升活动，超过4300名职工技术技能得到提升；组织开展班组长综合管理技能培训，集中培训班组长等基层骨干超过1500人次；加强交流合作，用好"职工技能培训与岗位练兵在线平台"等"互联网+"平台，推动"公司工匠学院"建设，加快建设高技能人才培训基地，推动知识型、技能型、创新型高素质职工队伍加快形成。

四、找准"发力点"，锲而不舍，在推动解决广大职工利益诉求上下细功夫

注重提升政治地位，劳动模范、有色工匠、一线职工在各级职代会代表、委员会委员中的比例均有所提高。推进完善技能工人的招聘选用和培养使用、考核评价机制，推进完善技能人才待遇提升激励机制，完善以创新能力、质量、

效益、贡献为导向的技能人才评价体系，逐步建立健全培养、考核、使用、待遇相统一的激励机制，畅通技术技能人才发展通道，创新性实施"三个不低于"激励机制，将高技能领军人才纳入激励范围，实现企业经营效益大幅提升、职工收入同步增长、精神面貌焕然一新，鼓励更多职工走技能成才、技能报国之路。注重提升技能工人经济地位，选树"全国技术能手"牛丽、邵志村等一批高技能领军人才，推荐高技能人才享受国务院政府特殊津贴。注重提升社会地位，多名职工被推荐获得"全国劳动模范""全国三八红旗手""全国巾帼建功标兵"称号及全国五一劳动奖章。集团公司加强对劳模和工匠人才的选树培养、关心关爱，广大职工体面工作、舒心工作、全面发展的职业荣誉感和自豪感显著提升。

真心关爱职工，做好做实"贴心人""娘家人"。不断完善劳动保护监督机制，深化"安康杯"竞赛活动，在企业班组中开展劳动保护、安全生产、职业病防治提升行动；坚持女职工健康体检，切实保护女职工合法权益和特殊利益；推动完善海外企业职工的休假、薪酬和社保等相关制度，健全服务职工体系。坚持广大职工需求导向，以"我为职工办实事"为抓手，做细做实各类职工维权帮扶、保障服务项目，帮助广大职工解决最关心最直接最现实的利益问题，以推动提高工资收入水平、加强技术技能培训、改善工作环境和条件、强化企业民主管理和社会保障、提升工作稳定性、畅通职业发展通道等为重点，办好服务职工、普惠职工的事情。做好职工正当福利发放，叫响送温暖、金秋助学、困难帮扶等暖心品牌。加强对海外职工的人文关怀和心理疏导，组织开展广大职工喜闻乐见的书法摄影、文艺汇演、健步走等健康文明、昂扬向上的群众性文化体育活动。在做好物质服务、生活服务的同时，为广大职工提供更高水平的精神和文化服务，让广大职工的获得感更足、幸福感更可持续、安全感更有保障，把党的关怀和温暖送到每一位职工的心上，让广大职工共享企业改革发展成果。

面向未来，中国有色集团将更加紧密地团结在以习近平同志为核心的党中央周围,坚持以习近平新时代中国特色社会主义思想为指导,践行习近平总书记三次重要指示批示精神,深化产业工人队伍建设改革,凝聚起推动中国有色集团高质量发展的磅礴力量,为加快建设世界一流企业、实现中华民族伟大复兴的中国梦贡献中国有色力量。

中国有色集团广泛开展职工技能竞赛、岗位练兵活动

班组推行6S管理生产现场

谋划好产改"一盘棋" 持续提升产改质效

中国铜业有限公司

近年来,中国铜业有限公司坚持完善党委统一领导,工会、共青团组织充分发挥作用,本部及各单位职能部门各司其职的产改工作格局,形成齐抓共推产改的整体合力,谋划好产改"一盘棋",持续提升产改质效,为建设中国第一、世界一流优秀铜铅锌企业提供坚实的人才支撑和智力保障。

一、谋好政治引领"先手棋"

(一)公司党委高度重视。公司党委书记挂帅主抓,2018年以来每两年召开一次产改推进会,每年初在公司党委全委扩大会暨年度工作会上对产改工作做出部署。已将产改列入公司"十四五"规划,制定《中国铜业产业工人队伍建设改革"十四五"时期重点任务清单》,所列重点任务包括5个方面、20项措施、41项具体任务,将产改工作纳入各级党政工作全局进行通盘考虑和部署,促进各责任部门、单位按照清单所列具体任务实施时间表、路线图,落实各项改革重点任务。

(二)有效加强思想引领。坚持开展季度职工思想动态调研,针对职工比较关心的问题进行研究答复处理,近三年共研究答复问题152个,答复率100%。连续六年组织"劳模名匠到基层"活动,并同步线上直播,组织劳模名匠近30

人次到企业、车间、班组与一线班组长、职工代表"面对面"宣讲、"心贴心"交流,超5万人线上、线下观看。举办"喜迎二十大 建功新时代"职工歌咏比赛云展播,近2万人观看。举办公司第二届劳动模范和先进集体表彰大会暨"我身边的中铝精神 中铜精神"事迹报告会,近15万人次线上观看。制作《中铜力量 时代楷模》《筑梦中铜 不负荣光》视频,劳模先进讲述奋斗历程,激发广大职工学先进、学技术、提素质。

(三)大力做好宣传推广。中国铜业党委《抓实产业工人队伍建设改革,助推企业高质量发展》改革经验被全国改革协调领导机构刊发推广。协助拍摄的全国劳动模范耿家盛专题采访片在CCTV-10《人物故事》栏目播出,首次在央视展示中国铜业产业工人先进模范风采。《中国铜业党委:奋进中彰显央企力量》等106篇稿件在中央媒体平台发布,最高点读量达到28.7万人次。微视频《第二个家》《凉山矿业十二时辰》等4部作品获中央企业优秀故事创作展一、二、三等奖,在人民网进行了集中宣传,公司产改成果得到广泛展示。

二、下好能力提升"核心棋"

(一)落实技能晋级制度。公司已出台"五级技师"、矿山人才培养、技能领军人才工作联盟等15项技能晋级促进政策,通过开展万人技能提升培训项目,促进技能人才操作技能全面提高。按规定发放五级技师津贴。2019年底经云南省职业技能鉴定中心批准,公司首次获得73个主要工种职工职业技能等级自我认定资格,公司出台《中国铜业有限公司职业技能等级认定工作方案》,加大技能等级晋级激励力度。

(二)构建新型培养模式。实施定制化、分层次、针对性强的技能人才培养项目。近三年,开展企业新型学徒制和师徒结对培养,245名导师带出新型学徒3373人。通过联合办学、师带徒、以赛促学等,举办培训班1152期次,累计培训72897人次具备中等专业学校学历层次(技校)的技能人才。每年坚持班组长实训班与有色行业班组长"网上练兵"相结合,生产企业班组长参训全覆盖，提升班组长队伍整体素质。

（三）开展职业技能培训。近三年，已开展职业技能等级培训认定36个职业（工种），共培训技能人员15291人次，共有11207人次取证。将职工教育经费60%用于一线职工。建立职工职业技能培训基地，2022年11月，"全国机械冶金建材行业工匠学院""中国铝业集团有限公司工匠（云南）学院"在云南铜业高级技工学校正式揭牌成立，标志着中国铜业技能培训发展迈上新台阶。

三、走好建功立业"制胜棋"

（一）开展职业技能竞赛。制定《中国铜业职工职业技能竞赛"十四五"规划》，完善以"中国铜业杯"全国有色金属行业竞赛为龙头，以省级赛为重点，以公司赛为主体，以班组赛为支撑的中国铜业职工技能竞赛管理体系。"中国铜业杯"已成为全总关注、集团重视、有色行业出名的品牌赛事之一。2021~2022年度"中国铜业杯"竞赛中，公司3名班组长包揽了个人前三名，公司荣获团体一等奖和"优秀组织奖"。积极承办云南省级、组织公司级职工职业技能大赛，开展了21个主流工种竞赛，16000人次参赛，赛出210名技术状元、能手。为技术工人晋升技能等级打造绿色通道，为基层职工参评五一劳动奖章、劳动模范、云岭工匠等荣誉奠定基础。近年来，公司已有77名技能人才获得国家级、省部级称号、奖章及奖项。

（二）开展班组劳动竞赛。开展"对标先进，降本增效"班组劳动竞赛，围绕竞赛指标进行季度、全年评比，连续五年近6万人次参赛，实现生产班组全覆盖，增强职工降本意识，年度降本增效约2亿元。2020年以来，开展了6个重点建设项目劳动竞赛，促进了重点项目工期提前。

（三）开展创新创效活动。评选中铝集团和中国铜业"金点子""银点子"，并兑现奖金予以鼓励；开展"创新—你我他"最佳案例分享及现场诊断比武活动，收集并分享典型案例，实现创效超3亿元。举办公司职工创新创意大赛，并选送优秀项目参加中铝集团创新创意大赛。成立了首届"职工技能领军人才工作联盟",已获得专利7项、省级奖励2项、刊发论文5篇、被采纳合理化建议34项,开展培训79场次,培训职工3700多人次。

四、布好权益维护"暖心棋"

(一)地位上全力保障。目前公司工会会员代表中77.38%为劳模、一线职工、基层工会工作者代表;公司工会领导班子中配备2名全国劳模兼职副主席。公司职代会建制率已达100%,三年来共收集公司职工代表提案40件,一一答复,获评为中铝集团2020年职工代表大会提案答复工作优秀单位。

(二)组织上充分吸纳。各级党组织面向一线工勤技能人员积极发展党员,已达党员总数32.1%。把产业工人中的劳模工匠、技术能手状元、优秀志愿者等优秀职工推荐给党组织。公司现有党员9767名、党组织647个,其中,党委49个(含党工委1个),党总支25个,党支部583个。空白班组动态清零,实现党的组织对基层全覆盖。公司党委获评为中铝集团唯一1家"示范战略单元党委"。公司各单位100%建立工会组织,公司职工100%加入工会组织。

(三)制度上强化激励。建立工资总额"激励池",用于"5类18项"激励。结合中铝集团四项科技人才激励方案,配套5000万元额度作为科技激励用途。出台"五级技师"制度,对各类高技能人才在给予荣誉表彰的同时,各企业按有关标准给予一次性奖励,最高可一次性奖励6万元(中华技能大奖获得者)。年度一线职工平均工资增幅在9%左右。

(四)服务上做出实效。开展班组台账减负工作,平均优化压减班组台账30%,控制每天填报时长在1小时以内。2020年以来,持续开展心理"赋能"系列培训,通过心理测评、讲座、咨询等六种形式,培训时长近2000小时,覆盖职工及家属超5万人次。近三年,为19900位职工报销医疗补助金1893万元;组织2586名职工参加疗休养。持续开展"春送岗位、夏送清凉、金秋助学、冬送温暖"活动,开展职工活动阵地建设、"温暖相伴"联谊活动、困难女职工"两癌"筛查、"爱心妈咪屋"创建等系列关爱活动。

唯有不舍寸功，方能善作善成。中国铜业将紧紧围绕政治上保证、制度上落实、素质上提高、权益上维护的产改总思路，聚焦"造就一支有理想守信念、懂技术会创新、敢担当讲奉献的产业工人队伍"目标，筑牢根基、厚积薄发、久久为功，加快建设知识型、技能型、创新型产业工人队伍，团结凝聚广大职工在建设中国第一、世界一流优秀铜铅锌企业新征程中贡献智慧和力量。

"中国铜业杯"全国有色金属行业班组长综合管理技能竞赛决赛开幕式

2023年中国铜业职工职业技能大赛熔铸工技能竞赛开幕式

构筑产改工作新高地　启动创新驱动强引擎
为企业高质量发展蓄势赋能

中国二十二冶集团

近年来，中国二十二冶集团坚持稳中求进工作总基调，贯彻落实新发展理念，按照政治上保证、制度上落实、素质上提高、权益上维护的总体思路，充分调动广大产业工人的积极性、主动性、创造性，持续健全产业工人培养、使用、评价、激励制度，为产业工人提供广阔的发展平台和成长空间，为助力企业高质量发展提供强有力的人才支撑。

一、高点站位优化顶层设计，擘画产业工人强企新蓝图

（一）聚焦主业，抓实"一把手工程"。二十二冶高度重视产业工人队伍建设，紧紧围绕"主业的活能不能干下来、有没有特色工种大国工匠"两个标准，持续推进工种核心化、队伍自有化、成本集约化，打造"少而精、精而全"的作业层技能人才队伍，确保在急难险重的关键时刻，自有作业层员工能够靠得住、顶得上、打得赢，真正解决一线生产作业"卡脖子"难题。坚持将产业工人队伍建设作为"一把手工程"，从公司总部层面成立"作业层技能人才队伍建设"领导小组，主要领导亲自挂帅，相关部门和二级单位协同联动，压实责任。由分管领导带队深入基层调研，共梳理痛点问题 30 余项、建言献策 150 余条，

为统筹推进产业工人队伍建设奠定基础。

（二）锁定目标，夯实"工作路线图"。2022年，经过对标学习行业头部企业和先进兄弟单位，在深入调研并结合自身发展实际基础上，二十二冶锁定技能人才队伍建设目标，即力争到2025年，打造一支涵盖29个核心工种、1500人规模的产业工人队伍。其中，技能人才40岁以下人员超过80%，高级工及以上人员超过70%，选拔成熟型工段长120人，新增培养市级及以上工匠30人、省部级及以上技能竞赛选手50人。为确保实现既定目标，公司制发《作业层技能人才队伍建设三年规划》，从拓宽引进渠道、强化培训力度、打通晋升通道和优化薪酬模式等方面不断完善制度体系，明确"工作路线图"，为产业工人队伍建设提供制度保障。

二、念好"引、育、用、留"四字诀，推进"三个一批"人才强企新举措

二十二冶聚焦主责主业，积极开展"引才、育才、用才、留才"四项工程，扎实推进"三个一批"职业技能队伍建设，逐步形成工种配备齐全、层级结构分明、人员规模合理、培养目标明确、考评标准规范的技能队伍建设管理体系。

（一）拓渠道、优结构，广开大门实施"引才"工程。一是践行"工学交替"，开展"订单班"校企合作。积极与中高职院校建立合作，设立核心工种"订单班"。采用"工学交替"的教学模式组织学生跟岗实习，毕业后按需择优分配，将"引才"工作前移至院校教学阶段。二是开辟"绿色通道"，引进"工匠型"技能成手。通过人才交流会、技能人才专场推介会等方式，开通曾获省部级以上奖项"工匠型""竞赛型"人才引进"绿色通道"，采用"一人一策、特事特办"方式引进产业工人30余名。三是挖潜"分包资源"，吸纳成熟型骨干能手。对长期合作的优质分包队伍，在防暑降温、节日慰问、表彰奖励等方面与在岗员工一视同仁，在各类职业技能竞赛、技术比武、评优评先等方面让其广泛参与，用向心引导分包队伍中成熟型骨干能手为我所用。

（二）搭平台、争一流，多措并举实施"育才"工程。一是依托"培训中心"，打造大培训格局。根据公司发展战略，每年编制产业工人培训专项方案，推行"5+7+1"技能提升培训，做到"全年理论培训不少于5天，实操培训不少于7天，职业资格力争晋升1级"。二是结对"工匠带徒"，传承核心技艺。公司制定"师带徒"培养方案，签署"师徒协议"，为师傅制定产业工人培养任务书，为新员工设定培养目标，每年定期开展优秀师徒评选。近两年，涌现了一批以全国技术能手吴振坤、陈中强为代表的优秀师徒100余对。三是搭建"传技载体"，积蓄工匠力量。对内广泛开展多工种职业技能竞赛、技能比武、劳模评比等活动，选拔出竞赛型产业工人80余人；对外积极参加各级职业技能竞赛，锤炼技能本领，积累竞赛经验；定期开展内部产业工人交流会，为产业工人团队搭建良好平台载体。

（三）建机制、畅通道，多点突破实施"用才"工程。一是打通"作业层"与"管理层"身份转换通道。恢复工长制，执行与管理岗相匹配的福利待遇标准，通过面试选拔、能力素质考核，选拔出36名年龄超过50岁的技能人员，为其定向培训赋能，调剂至项目一线从事安全员、质检员、材料员等岗位，营造"一池春水"，焕发技能人才队伍活力。二是建立"合同制"与"派遣制"合同转换机制。制发《择优转录劳务派遣制员工为合同制员工实施细则》，健全"考核优胜劣汰"和"员工能进能出"用人机制，根据工作年限、技能等级、考核情况、创优获奖和对公司的贡献度设置"积分制"，将30余名技术水平高、动手能力强、考核评价优的劳务派遣工人转录为劳动合同制；设定3%的优化淘汰指标，将50余名不能胜任岗位的无能力、无业绩、无证书的"三无"作业层人员及时考核淘汰。三是畅通纵向有阶梯、横向可贯通的发展通道。纵向上，针对荣获省市级以上荣誉的高技能人员，在高级技师之上设置二级工匠、一级工匠；针对顶岗实习或技能水平低的员工，在初级工之下设置学徒工，形成"八级工"职业技能岗位序列。横向上，将技能人才技能水平、工作实绩、科研成果、技能竞赛成绩等作为参加职称评审的评价条件，贯通产业工人与专业技术人才职业互评"立交桥",2022年,9名产业工人获聘高级工程师,拓宽了技能人才发展空间。

(四)强激励、树正气,多管齐下实施"留才"工程。一是待遇留才,发挥薪酬福利的激励作用。针对普通技能人才实行市场化薪酬;针对生产一线工长等复合型人才设定对应薪酬岗序;针对作出突出贡献或获省部级以上荣誉的优秀产业工人实行特岗特酬。同时为产业工人增设资质津贴、技师津贴、住房补贴、交通补贴等各类津补贴,产业工人收入增长显著。二是情感留才,营造关爱工匠的良好氛围。公司每年定期召开劳模工匠座谈会、听政问政会,累计收集合理化建议百余条,逐一督办落实,充分发挥劳模工匠在企业管理决策、参政议政中的主人翁地位。三是文化留才,弘扬尊重技能的良好风尚。公司每年举办员工联谊和集体婚礼活动,累计为包括产业工人在内的300对新婚员工赠送价值600余万元幸福大礼包;为产业工人提供公寓、优惠购房、精品工装、高规格体检、健康疗养等;定期开展"企业工匠、金牌工人、能工巧匠、优秀师徒"评选活动,数十名杰出匠才脱颖而出。

三、迈稳"世界一流、技能报国"新征程步伐,推进人才强企新成效

(一)技能人才梯队结构不断优化。经过近两年不懈努力,公司技能人才结构由"金字塔形"逐步迈向"橄榄形"。技师、高级技师占比由28%上升至50%,30岁以下青年技能人才占比由不足10%提升至42%。

(二)技能人才降本创效不断增强。公司以各类"创新工作室"为载体,聚焦工程项目"卡脖子"难题,累计攻克工艺难题100余项,获得各类专利20余项;形成各类技术总结及指导书200余篇,提出指导意见1000余条,为企业降本增效1300余万元。

(三)人才强企品牌效应不断扩大。公司实施产业工人发展战略以来,先后荣获"国家技能人才培育突出贡献奖""中国五矿职业技能竞赛突出贡献单位",建成国家钢结构工程技术研究中心、国家装配式建筑产业基地等多个技能人才

示范基地,培育了一批大国工匠"领头雁"。公司在各项职业技能竞赛中分获佳绩,包揽近四届"唐山工匠""唐山市职工职业技能竞赛"焊工第一名,2022年荣获中国五矿三项职业技能竞赛团体第一和中冶集团 BIM 竞赛团体第二,2023年荣获第十七届"振兴杯"全国青年职业技能大赛(国家一类)个人金奖和团队银奖,经中华人民共和国人力资源和社会保障部批准后将新增 8 名全国技术能手,实现了历史性突破。

功崇惟志、业广惟勤。二十二冶将始终坚持世界一流的使命担当、精益求精的品质坚守,继续坚定扛起匠心筑梦、技能报国的责任与使命,持续探索新时代下产业工人培养模式,推动产业工人队伍建设不断取得新成效,为加快建设具有全球竞争力的世界一流金属矿产企业集团而不懈努力奋斗。

中国二十二冶集团有限公司河北省工人先锋号的带头人户成才在焊工岗位工作

中国二十二冶集团有限公司荣获2022年全国行业职业技能竞赛工程测量员竞赛团体第一名

迈向集团化、国际化 与企业发展"同频共振"
紫金特色的产业工人队伍建设改革

紫金矿业集团

紫金矿业集团股份有限公司从 1993 年开发紫金山金矿起步，历经 30 年的不懈奋斗，成长为在全球从事金属矿产勘查开发及工程技术应用研究的大型跨国矿业集团，世界 500 强企业，A+H 股上市公司，主要经济指标位居国内领先、全球前 10 名，致力于打造绿色高技术超一流国际矿业集团。

公司目前在职在岗职工 52023 人，在 3000 余名集团聘用人员中，初级工和中级工 305 人，高级工 650 人，技师 281 人，高级技师 136 人。公司把产业工人队伍建设作为企业发展的重要支撑和基础保障，政治上保证、制度上落实、素质上提高、权益上维护，通过不断改革推动员工职业化水平提高。

公司工会结合全球化发展工作总路线，秉持工会工作集团化，探究和践行工会工作国际化的思路，积极助推公司各项事业发展，形成与公司"同频共振"的工作方向，推动企业产业工人队伍建设改革现成效。

一、坚持党建带工建，以党的建设引领产业工人队伍建设

坚持把党的领导和社会主义制度落实到广大职工群众中，团结凝聚广大职工听党话、跟党走，认真落实党的二十大、中国工会十八大精神；大力弘扬劳

模精神、劳动精神和工匠精神；近年来，通过常态化开展"学习宣传和贯彻党的二十大精神""学习宣传和贯彻中国工会十七大精神"专题讲座稳思想、稳队伍。

二、坚持以人为本，保证产业工人主人翁地位

（一）坚持依法依规维权，创造和谐劳动关系。一是全面落实集体合同制度，每年签订《职工集体劳动合同》《职工工资集体协议书》。二是完善职工医疗保障体系，工会连续十六年为全体职工购买职工医疗互助险。三是积极办理职工提案和合理化建议。四是组织工会委员深入基层，本着工会工作集团化、探究工会工作国际化的理念，通过组织工会委员深入国内外企业，深入了解职工生产生活。五是每年为直属工会职工发放福利、防暑降温品等，慰问一线艰苦岗位上的员工。

（二）强化人文关怀保障，在服务员工上凸显温度。一是坚持"五必访"：逢年过节必访，职工生活有困难必访，职工有思想情绪必访，职工和家属有伤病必访，丧事必访。二是增强人文关怀力度，如春节期间出资25.5万元，对特困、重病等500多位职工和外派家属进行慰问。三是发挥外派员工家属联谊会的积极作用，成立"外派员工家庭24小时服务热线平台"，已协调解决近500件外派家庭的实际困难和需求。四是关心呵护外派员工子女成长成才，常态化帮助外派员工解决食堂用餐、住宿、子女落户、就学等现实难题，并在每年"六一"期间组织亲子活动。五是在疫情防控期间积极行动，解决境外企业"出行难"和"回国难"问题，组织资金1100万元，垫付8架次出入境国际包机业务，累计为境外项目完成733人次转运；出资慰问海外外派员工750人。

三、坚持产业工人主体地位，充分发挥工人阶级主力军作用

（一）持续培养工匠人才，激励产业工人争先创优。一是持续发挥人才培养基地作用，通过"师带徒"机制搭建起员工快速成长的"高速通道"；二是对优

秀产业工人在工资待遇、职务升迁、评优评奖、职工福利上给予倾斜。三是组织广大职工开展"五小"创新大赛活动,平均每年发明专利及实用创新项目专利获得 300 余项。

（二）持续开展劳动和技能竞赛。积极参加、承办全国、省、市"安康杯"劳动竞赛和"五小"创新比赛；督促和指导紫金山金铜矿每年不间断组织开展了二十届职工技能大赛，累计参赛职工上万人次。大力支持权属企业开展员工技能大赛，并积极支持分工会举办员工培训活动。2021—2022 年度"中铜杯"全国有色金属行业班组长综合管理技能竞赛中，紫金矿业获团体三等奖，同时个人一等奖 1 名、二等奖 3 名、三等奖 1 名；2023 年承办"紫金杯"第十一届全国黄金行业职业技能竞赛化学检验工（贵金属检验检测方向），紫金矿业包揽冠亚军并囊括个人综合成绩前 7 名。

（三）持续加强班组建设。组织参与"2021 年全国有色金属行业班组长网上练兵活动"，集团公司共有 45 名选手荣获一、二、三等奖，1 名员工荣获"优秀管理员"称号。同时，紫金铜业荣获"优秀组织单位"荣誉；全国机械冶金建材行业职工技术创新成果展示暨"创新百强班组"活动中，获得 1 个组织奖、2 个创新百强班组、7 个创新成果，其中一等奖 1 个、二等奖 1 个、三等奖 5 个；申报 2022 年福建省百万职工"五小"创新大赛，获 2 个一等奖、4 个二等奖、9 个三等奖；承办 2022 年龙岩市"紫金杯"化学检验员技能大赛，集团公司参赛职工包揽比赛前五名并获得"优秀组织单位"称号。

四、加强产业工人文化引领，发扬紫金文化品牌效应

工会成立了 21 支内部文体协会，极大地丰富了产业工人的业余文化生活。近年来围绕重大节日，组织开展了形式多样、丰富多彩的文娱活动：2018 年承办全国地勘行业"紫金杯"职工篮球大赛，得到中国矿联、各参赛单位的广泛赞扬；2019 年首届"紫金杯"羽毛球全国邀请赛，得到各单位的踊跃支持和赞许；2021 年 5 月以来，为庆祝建党 100 周年组织举办了系列活动，获得市县各部门的高度赞誉；2023年来相继举办职工迎春晚会、妇女节、职工心理健康知识讲座等活动，举办首届外派员工家属表彰大会，为31位"紫金花"奖和34位提名奖获得者颁奖；2023年8月，举办庆祝集团30周年文艺晚会，来自海内外各权属企业演员、员工代表等近千人欢聚一堂，并向全球进行直播。

五、激发产业工人创新创造，聚力公司跨越发展目标

近年来，集团公司团体及个人在丰富产业工人队伍上也获得了诸多荣誉，如：集团公司和紫金山金铜矿均获得全国五一劳动奖状，集团公司还获得全国五一劳动先锋号、全国五一劳动模范小家、全国模范书屋、全国"安康杯"竞赛组织优胜奖等荣誉。数十名员工获得全国五一劳动奖章、全国"先进个人"荣誉称号，30余名员工获省市授予五一劳动奖章，近20名员工获省市授予劳动模范称号。

集团公司三个创新工作室、三名员工获评2023年全国机械冶金建材行业示范性创新工作室、行业工匠称号；集团公司两个集体、四名个人分获2022年全国机械冶金建材行业工会经济技术先进单位、岗位能手荣誉称号；两个班组获评2021年度福建省"安康杯"先进集体荣誉；职工孙忠梅获人社部颁发的2020年"全国黄金行业劳动模范"；工会主席刘文洪、工会委员张其万分别于2018年、2020年获全总授予"全国优秀工会工作者"称号；集团公司工会获得2018—2019年度全国"安康杯"竞赛优胜集体荣誉；工会主席刘文洪获省总评为2017年福建省"职工最可信赖娘家人"等。同时，每年工会选送参加的福建省百万职工"五小"创新大赛活动，共有近70项成果获奖。

《新时期产业工人队伍建设改革方案》明确提出了产业工人队伍建设改革的目标任务。紫金矿业集团工会将按照"政治上保证、制度上落实、素质上提高、权益上维护"的总体思路，创新体制机制，提高产业工人素质，畅通发展通道，依法保障权益，造就一支有理想守信念、懂技术会创新、敢担当讲奉献的宏大的产业工人队伍。

紫金矿业集团年度优秀员工颁奖典礼

紫金矿业集团全国行业职业技能竞赛决赛优胜

深化产改"三统一"
聚力打造推动高质量发展四个新高地

东北轻合金有限责任公司

在党的二十大精神指引下,东轻围绕推进新型工业化,加快建设制造强国,强化现代化建设人才支撑,通过深化产业工人队伍建设"三统一",聚力打造推动高质量发展"四个新高地":打造原创技术策源地,时代化保障国家战略需要;打造产业升级科创地,现代化建设世界一流企业;打造人才资源聚集地,市场化激发人才价值创造;打造群众工作赋能地,活力化拓展踔厉奋发平台。2023年1—9月,东轻劳动生产率同比提高7.4%,在市场环境持续严峻的情况下,仍然取得了人效指标的较大进步。

一、产业工人队伍建设与企业战略发展目标相统一

坚持产业工人队伍建设的大目标,聚焦建设"六个新东轻",整体部署,一体推进。

一是在建设"标杆东轻"中育树标杆典型,坚持企业品牌和人物品牌相统一。五年来,共培育并选树全国五一劳动奖章获得者、全国三八红旗手,省市和中央企业、中铝集团等市级以上劳模先进42人,大工匠11人。

二是在建设"创新东轻"中推动价值创造,坚持科技强企和人才强企相

统一。五年来,突破国家大飞机系列"卡脖子"难题,取得科研成果371项,荣获中国专利奖、中国质量奖10余项。在保障国家战略安全上贡献了东轻智慧、东轻力量。

三是在建设"高端东轻"中打造高端队伍,坚持高端发展和高端人才相统一。五年来,人才队伍结构持续优化,本科以上学历人才增长6.2%;高级专业职称人才增长2.2%;省市级领军人才增加6人。

四是在建设"绿色东轻"中优化绿色环境,坚持绿色发展和绿色人文相统一。五年来,东轻厂区面貌和现场环境发生了显著变化,"家文化"为推动人才可持续发展奠定了长期向好的安全文明环境建设基础。

五是在建设"数字东轻"中培育数字人才,坚持智能制造和智慧创造相统一。五年来,通过技能人才转型发展,为推进信息化、加快智能化提供人才支撑。厂内一群年轻人,打破国外厂家技术垄断,对运行10年的2100mm精轧机数控系统成功进行了升级改造,为国人争了气,为东轻添了彩。

六是在建设"活力东轻"中焕发活力创造,坚持共同奋斗和共同富裕相统一。五年来,通过精神和物质文化共享、共赢,队伍精气神的深刻变化焕发了活力东轻。延伸新时代十年来,东轻产值增长239%,产量增长227%,营收增长179%,利润增长393%,在岗员工人均收入增长160%。

二、产业工人队伍建设与全面深化国企改革相统一

一是以制度为支撑推动产改。建立产改制度管控新模式,以制定《关于加强和改进产业工人队伍建设实施办法》为主线,建立和完善《员工职业发展规划指导意见》等12项制度,构建了制度保障和政策支持配套体系。建立技能人才管控新模式。设立技能人才八级职业晋升通道,建立与各类岗位相匹配的9级17档98个系数的职位薪档矩阵。其中,首席技师可达到企业领导副职、主任技师达到中层正职、主管技师达到中层副职薪酬标准,全面形成人才发展新秩序。五年来,评聘五级师技能人才529人次。

二是以市场化力量推动产改。深化人随资产走管控模式。与子公司多元化资本运营改革配套，在身份置换中建立市场化新型用人关系，推进了主业精和辅业活多元发展，产业链和人才链同步延伸。把深化人效贡献率管控模式作为全要素对标的重要抓手，五年来全员劳动生产率增长208%，万元人工成本利润率提高79个百分点，推动ROE增长14.8个百分点。

三是以权责相统一推动产改。建立经营指数和人员指数权责对等管控模式，以KPI指标管总、薪酬总额和岗位指数配套、人员增减和岗位用人自主调控，优化绩效考评机制，营造了市场化岗位流动新常态。建立劳动合同和岗位合同"双合同"管控模式，以劳动合同管总、岗位合同落细，推进依法治企，维护企业和职工的各自权益，提升了用工风险管控水平。

四是以业绩论英雄推动产改。推进干部任期制契约化能上能下管控模式，坚持以业绩指标为要素，全面推行任期制与契约化、职业经理人制度改革，开启了经营管理新型责任制，成为市场化用人新的风向标。推进收入能多能少管控模式，坚持岗位靠创造、收入凭贡献、上升论价值，推进三项制度改革，为产业工人队伍建设注入新动力，形成了岗位有标准、晋升有台阶、富裕有指望、幸福有依托、政治有影响、地位有提高的产业工人队伍发展新格局。

三、产业工人队伍建设与培育员工创造活力相统一

坚持落实产业工人队伍建设改革方案，以党建引领工建，围绕构建"1455"群众工作体系，突出四项工程。

素质提升工程——强战力。一是深化引导机制，做强报网号端媒体平台，实现党的主张宣传全覆盖；强化工会"职工小家"功能，推进形势任务教育常态化。推动党员骨干"双培养"，引导职工听党话、跟党走。五年来，在岗职工中党员占比提高2.1个百分点。二是深化传承机制，传扬东轻精神，汇聚了千人驻厂"抗疫情、稳经营"的精神传承，大幅提升了各项先进荣誉奖励额度；大力宣扬劳模精神、劳动精神、工匠精神，百人次登上央视、地方和行业主流

媒体。三是深化培养机制，逐级推进大讲堂机制，运用网络"智能+"机制，开辟校企合作机制，参与政企校产业联盟，实施了拔尖计划、工匠计划等定制化培训。五年来，技能人员内部培训1352期5.8万人次，送出培训492人次。四是深化拓展机制，创建了国家级和市级职工书屋5个，建立5个文化阵地，职工运动大会和艺术节，展形象、振人心；职工新春晚会与青年晚会，展成果、增动力；职工协会球赛及体育赛，鼓斗志、赢未来，提升了职工生活品质。

建功立业工程——搭平台。一是深化劳动竞赛，聚焦提质量、降成本、抢订单等，五年来，组织专项劳动竞赛18次，超过7000人次参与其中，实现工艺改进421项，专项奖励170余万元。二是深化练兵比武，创新"网络+实操""大学习、大练兵、大比武"新模式，5万多人次踊跃参与，120名状元、大王、能手脱颖而出，高技能队伍占比达18.6%。连续开展5届班组长技能大赛，13个班组及人才获中铝集团表彰。三是深化大师孵化，创建东轻工匠评选机制、战略用户劳模互访机制、劳模大师工作室孵化机制，建成省市和行业、集团劳模/技能大师创新工作室7个，项目孵化144个，人才孵化266对、省市金银铜牌师徒43对。四是深化"五小"创新活动，五年来，推动实施合理化建议1216条，完成技术攻关60项，54个项目获得中铝集团等各级表彰。

温暖凝聚工程——办实事。五年来，投入2560万元，争取市总工会专项支持176万元。一是创立了生日送祝福、节日送福利、大事送关怀3项常态化机制；二是推进了"两节"送温暖、夏季送清凉、困难帮扶、"六一"助学、大学生重点关怀5项长效化机制；三是施行了抗击疫情、互助保障、劳模疗养3项时效化机制；四是加大了餐标提升、热费明补、"七险两金"3项提档化机制。为产业工人队伍建设营造了暖人心、稳人心、鼓人心生态氛围。

青年活力工程——育新人。一是深化青年素养提升，实施优秀年轻干部培养工程，推进青年人才"明星计划"，建立大学生三年保护政策。二是深化"岗队号手"培养，定制化选树"青年岗位能手"85人次；2次荣获团中央"青年文明号"授牌表彰。三是深化青年岗位创新，"创新创意"4项成果获得中铝集团表彰，1项荣获"航天科工杯"金奖。

下一步，东轻工会将认真开展学习贯彻习近平新时代中国特色社会主义思想主题教育，在上级党组、党委领导下，始终肩负起培养高技能人才队伍的新使命、全面建设六个新东轻的新使命。持续推动"四深化四增进"，为打造一流的高技能人才队伍作出积极贡献。

2023年东轻技能人才"工匠计划"培训班合影

东轻·沈飞劳模创新工作室共建联盟启动仪式

坚持"五筑" 提升"五力"
推动产业工人队伍建设改革取得实效

江西钨业控股集团有限公司

江西钨业控股集团有限公司是一家具有百年历史的老国有企业，已形成了钨、稀土、钽铌锂、铜钴镍四大金属产业板块和机械制造、科研服务、内外贸易三个非金属产业板块相互支撑的产业体系。集团公司始终坚持以习近平新时代中国特色社会主义思想为指导，深入学习贯彻党的二十大精神，秉承"钨业报国、产业强国"的宗旨使命，坚定不移走高质量发展之路。2023年1—9月，全集团累计实现营业收入211亿元，同比增长2.21%，实现利润6.49亿元，同比增长43.79%。

产改工作开展以来，江钨控股集团深入学习贯彻习近平总书记关于新时代产业工人队伍建设改革的重要指示精神，坚持把产改工作融入公司整体发展体系，凝心聚力善作为，谋定目标促产改，让产业工人在思想上政治上有认同感、在技能提升上有获得感、在职业发展上有成就感，集团上下呈现心齐气顺劲足的良好氛围。

一、坚持筑牢思想之魂，提升政治引领力

1.坚持思想引领与党建工作融合。围绕"深、精、准、效"下功夫，以职

工喜闻乐见的方式，推动习近平新时代中国特色社会主义思想主题教育进企业、进车间、进班组，持续用新时代党的创新理论武装头脑。以"党建质量提升年"活动为契机，通过"支部党课""特色工作""党员活动日"等载体，推进党建示范攻坚和"一企一品"建设，为集团公司产改工作提供坚强政治保障。目前，全集团160个基层党组织、2236名党员，创建了33个党建品牌、24个基层党支部打造成示范党支部，5人荣获"新时代赣鄱先锋"称号。

2. 坚持思想建设与文化建设融合。运用中华钨矿公司红色文化资源，讲好"共和国第一国企"红色故事，推动红色文化"上舞台""上讲台""上平台"，不断提升"百年江钨"品牌影响力和文化引领力。与江西文演集团合作，创排首部反映中华钨矿公司红色历史的大型原创话剧。打造中华钨矿公司红色现场课堂，制作中华钨矿公司思政课课件和视频作品，进一步推进中华钨矿公司红色文化资源保护利用。中华钨矿公司旧址继登录全国红色景点信息服务平台之后，至今到中华钨矿公司旧址红色走读和研学人数达12万人次。6月底被中华全国总工会命名为全国职工爱国主义教育基地，9月底被列入首批江西省工业遗产。

3. 坚持劳模精神与选树先进融合。坚持从一线选树劳模先进，在评选的各级劳模先进中，60%以上为一线党员，90%为产业工人。深入推进劳模创新工作室建设，培育"精益求精、追求完美"的工匠精神，营造尊重技能、尊重劳动的氛围。近年来，全集团获评省级以上劳模7人、全国机械冶金建材行业工匠1人；现有国家级劳模创新工作室3家、省级2家。

二、坚持筑造匠人之心，提升建功驱动力

1. 激励科技创新创效。建立科研创新平台，实施科研成果转化立项，完善创新创效评选奖励，引导产业工人开展群众性技术创新活动，推动科技创新创效。目前，集团公司现拥有国家级创新平台5个、省部级19个；累计完成各类科研课题、工程试验项目2300多项，先后荣获国家技术发明奖6项、国家科技

进步奖 8 项、省部级科技进步奖 300 多项；授权专利 1345 件。2022 年，大型钽铌智能矿山技术开发与应用获得全国一等奖，2 项职工技术创新成果获得全国机冶建材职工技协三等奖；金环磁选公司顺利通过国务院国资委"科改示范企业"2022 年度考核，两家公司入选工信部专精特新"小巨人"企业。

2. 建立考核奖评机制。健全考评体系，薪酬分配向产业工人倾斜，推进产业工人共享企业发展成果。在 2022 年企业经营业绩考核中，15 户企业获得超额利润奖励、超产奖励、砂石综合利用创收奖励等共计 531 万元，其中 60% 分配给一线产业工人。2023 年二季度一线员工收入比一季度增长 11%。

3. 拓宽职工发展空间。完善了评优选先管理机制，在评优选先时，坚持向基层和生产、工作一线的产业工人倾斜，产业工人占比 80% 以上。近年来，集团公司获得省级以上劳动模范 7 人、五一劳动奖章 3 人、"巾帼建功标兵" 3 人、工人先锋号 5 个。

三、坚持筑强人才之本，提升技能支撑力

1. 积极构建技能培训体系。与职业院校签订合作协议，挂牌建立技能提升培训基地与技能大赛集训基地，定期分类分批选派部分技能人才参加高职院校培训。推行特殊岗位持证上岗，实行师徒帮带制。对取得高级工、技师、高级技师职业资格的，给予一次性职业技能提升补贴。2023 年，举办班组长技能培训班 2 期 100 人；开展操作工专业类培训 2866 期、培训 92557 人次。2022 年获评全国机械冶金建材行业岗位能手 3 人。

2. 深入开展劳动技能竞赛。广泛开展劳动技能竞赛、技能比武和岗位练兵等活动。近两年集团公司上下开展劳动技能竞赛 126 场次、参与活动 45 万多人次，集团层面兑现劳动竞赛奖金 671.2 万元。制作"天圆地方"项目，荣获江西省"天工杯"职工职业技能竞赛一等奖。上半年，近百人参加了 2023 年全国有色金属行业班组长网上练兵活动。

3. 注重培养人才队伍。实施人才强企战略，组织近 300 名企业高中级管理

人才、雄鹰人才和青年人才分别到华为大学和浙江大学培训，为企业高质量发展提供坚强人才保障。注重定向培养，委托江西理工大学培养了定向就业生596人，其中近400人入职企业。截至目前，集团公司现有从业人员8635人，其中专业技术人员1394人，占职工人数16.14%，198人获得高级工和技师职业资格证书。

四、坚持筑建暖心之家，提升综合保障力

1. 提升职工生活品质。集团公司充分利用OA平台、微信群等网络平台，为职工提供购物消费、订餐等日常服务。积极推进职工医疗互助、一线职工疗休养、健康体检和义诊项目服务，结合夏送清凉、冬送温暖和金秋助学等时机，做实精准困难职工帮扶工作，每年慰问资金和物资近500万元。开展现场整治暨6S管理，改善职工工作和生活环境。围绕"双碳"目标，积极推进绿色矿山、绿色工厂建设，提升绿色发展新动能。截至目前，集团共拥有国家级"绿色工厂" 3家、"绿色矿山" 9家。

2. 强化权益维护保障。充分利用集团领导挂企业、进车间、走班组等方式听取职工诉求，解决职工切身利益问题。组织开展普法、法律援助、法律咨询和线上法律知识考试等活动。截至目前，累计座谈访问基层职工3600余名、办理职工意见建议1260余条；开展普法宣传、法律咨询活动9268人次，参与线上法律知识竞赛活动5422人次。在全省"百万网民学法律"知识竞赛活动中集团公司工会荣获优秀组织奖。

3. 彰显主人翁地位。坚持以人民为中心的发展思想和全心全意依靠职工办企业的方针，增强职工主人翁责任感和自豪感。发展党员向基层一线倾斜，2023年吸收预备党员13人，其中8人为一线产业工人，占比达到62%。在企业党代表中，一线产业工人占比22%。在企业职工代表中，一线产业工人占比41.4%。有24人担任所在地各级党代表、人大代表、政协委员，所属企业工会、女工组织均有产业工人兼职委员，选拔优秀产业工人挂兼职80余人次。

4. 提高产业工人待遇。出台了《关于提高技术工人待遇的实施意见》，明确管理人员实行竞争上岗制度，鼓励企业对在聘的高级工、技师、高级技师比照相应层级工程技术人员享受同等待遇。进一步提高职工薪酬收入、扩大企业年金覆盖面、增加职工福利。2022年，完成第一批27家职工企业年金缴纳，今年扩大企业年金覆盖面至32家，结束了江钨没有企业年金的历史。近年来职工薪酬收入连续增长两位数以上。

五、坚持筑实工作之基，提升队伍凝聚力

1. 做实基层工会工作。坚持党建带工建、工会服务党建，按照"六有六规范"要求，集团所属26家产改单位均成立了工会组织，工会组建率达100%，职工入会率实现100%。同时配备了相应的工会组织机构和专兼职工会干部，确保工会工作正常开展、有序推进。

2. 丰富职工文体生活。深入开展以"中国梦·劳动美"为主题的系列文体和单身青年联谊活动。2022年以来，集团上下共开展各类文体活动90余项，1.85万人次参与。2023年，集团所属企业有178人参与单身青年联谊活动，牵手成功12对。在全省排舞比赛中，集团公司获得集体优秀组织奖和产业团体组铜奖。在全省"网聚职工正能量 争做中国好网民"摄影作品大赛中，集团公司选送的两幅作品分别荣获二、三等奖；在"紫金杯——最美工厂"摄影大赛中，一幅作品荣获三等奖。

3. 深化企业民主管理。以打造"六型"班组为目标，将民主和谐纳入班组建设重要环节。制定了《江西钨业控股集团有限公司职工董事职工监事制度》，充分发挥职工董事监事履职作用。全集团厂务公开建制率100%，收集和运用职工提案率达100%，其中2个职工提案被评为全国优秀职工代表提案，1部企业民主管理微视频作品荣获省级一等奖。

4. 营造产改工作氛围。将习近平总书记有关产业工人队伍建设改革的重要论述纳入"第一议题"集中学习内容，通过集团官网专栏、微信公众号、横幅、宣传栏、电子显示屏等多种形式宣传产改工作。依托集团公司门户网站和微信公众号发布产改相关稿件 90 余篇、印发产改工作简报和板报 18 期；同时在《中国有色金属报》《江西日报》《江西国资》《江西工人报》等主流媒体登载稿件 30 余篇，进一步扩大产改工作影响力，营造产改工作浓厚氛围。

下一步，江钨控股集团产改工作将继续聚焦工作重点，持续加强产业工人思想政治引领，着力提升产业工人技能素质，不断激励产业工人建功立业，切实提高产业工人地位待遇，进一步将产业工人队伍建设改革引向深入，以更加出色出彩的工作业绩，来推动打造受人尊敬、在行业内有竞争力、职工有幸福感的现代产业集团。

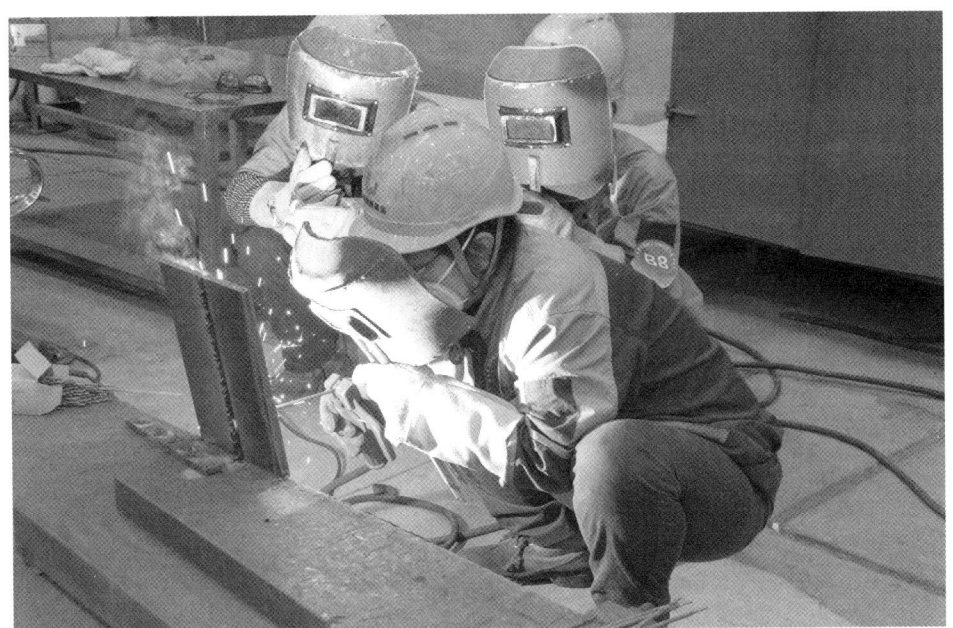

江钨控股集团金环磁选公司开展焊接技能竞赛

江钨控股集团召开产改工作动员部署会

构建素质提升新生态　锻造高质量发展新队伍

河南豫光金铅集团

河南豫光金铅集团有限责任公司成立于1957年，是地方国有企业、中国有色金属行业大型骨干企业，公司连续多年跻身"中国企业500强""中国制造业500强""财富中国500强"，拥有控股和参股子公司60余家。核心企业河南豫光金铅股份有限公司2002年7月在上海证券交易所上市，是行业内首家上市公司。公司是国家第一批循环经济试点单位、全国首批清洁生产示范企业、第一批通过铅锌准入和再生铅准入的企业。2023年初，被国务院国资委列入创建世界一流示范企业和专精特新示范企业名单。

公司多种产品生产规模位居行业领先。主要产品产能为铅50万吨、锌30万吨、铜15万吨、黄金15000千克、白银2000吨。近年来，豫光集团紧紧围绕习近平总书记提出"政治上有保障，制度上有落实，素质上有提升，权益上有保护"的新时期产业工人队伍改革的目标，结合企业实际，响亮提出"咱们工人有创新才有价值，有创造才有地位"的改革理念，以提升员工队伍素质为重点，激发广大职工创新创造积极性为导向，推动产改落地见效。

一、强化培训抓基础，夯实素质筑根基

近年来，豫光集团致力于培训的基础工作建设，从培训组织架构、制度、

课程体系、培训讲师队伍、技能认定、培训教材建设等方面加强工作，打牢基础。

（一）构建培训组织。公司成立了以总经理为主任，工会主席为副主任的职工教育委员会，全面负责公司培训工作的开展；各单位成立职工教育领导小组，由分会主席任组长，负责各单位的日常培训工作开展，形成了自上而下覆盖全公司的职工培训工作网络。

（二）健全培训制度。近年来，豫光集团建立完善了包括培训计划组织与实施、入职培训、内部培训管理、外出培训、培训考核、培训费用与预算等内容的制度，为职工培训工作夯实了制度基础。

（三）打造课程体系。近年来，豫光集团以微课开发为平台，实施课程体系建设，将岗位技术能手、业务专家的优秀经验做法逻辑化、系统化、显性化、条理化，形成公司的知识资产。目前，公司已形成精品微课262门，系列微课60门，开发标准课程42门。

（四）培训讲师队伍。豫光集团从2020年开启讲师体系建设步伐。截至目前，已举办两年讲师大赛，已产生42名公司级优秀讲师，并配套开发42门标准课程，服务于日常公司培训。

（五）建设教材题库。豫光集团持续加强培训教材建设，持续推进教材梳理和编撰工作，一是完善培训科目体系和培训教材，组织专业人士开发编写了九个大工种的培训教材以及配套的题库。二是根据公司各项培训项目，编制培训教材，编撰中层管理人员、班组长培训系列教材共计39余万字。三是重视培训题库建设，目前已建设题库58765道。

（六）突出数字化平台应用。豫光集团2018年即开始积极探索信息化下培训新模式的建立，定制开发了"豫光云课堂"App网络学习系统，在线考试、闯关学习、视频学习等模块广泛应用。2022年进行软件的迭代升级，正式启动钉钉云课堂，赋能6000余名员工随时随地开启学习。

二、突出培训精准全覆盖，确保素质提升见成效

为了保障职工素质提升工作的有效性、全面性，豫光集团精准施策，针对不同人群采取不同的培训内容和培训方法。

（一）举办中层管理人员培训班。一是总结豫光60余年管理经验，自编涵盖阿米巴经营、生产现场控制等12个方面的6册20余万字的中层管理人员培训教材；二是围绕教材由各个业务部门的领导，精心备课，走上讲台，进行知识分享；三是适时邀请社会上知名讲师来公司授课，拓展思维、打开视野；四是积极运用钉钉云课堂、格局平天下等学习平台，坚持每月一课线上学习，已开展27个线上领导力课程。

（二）坚持开展班组长轮训。公司开启班组长轮训计划提升基层管理人员管理能力、业务能力，组织专业人员编制教材，以教材为依托，以各生产单位中层为讲师，开展培训，较好地实现了预期培训效果。

（三）实施技能人才专项培养。主要方式包括"师带徒"和新型学徒专项培训，使许多员工成长迅速、脱颖而出，成为公司的关键人才。目前，"有拜师仪式，有培养计划，有过程跟踪，有出徒考评，有年终统考""师带徒"的"五有模式"已广泛推广，公司每年师徒结对达300多对。

新型学徒专项培训。积极利用国家利好政策，陆续开展电工、焊工、化学检验工、电解精炼工等专项新型学徒培训，通过专班的两年系统学习，夯实理论基础，提升专业技能，提升公司技能工人队伍整体水平。公司累计争取国家专项补贴资金近300万元。

三、比评聘创多措并举，持续激发内生动力

为进一步激发职工提升素质的内生动力，豫光集团采取"比、评、聘、创"等多项措施，为企业健康稳步高质量发展提供坚强的技术支持和人才保证。

（一）比：指岗位练兵、技术比武。坚持健全领导机制、宣传机制、奖励

机制三个机制，为各类竞赛提供坚实保障。每年都要选择5~10个工种开展技能竞赛，先后组织了中国有色工业协会电解精炼工技能竞赛、河南有色工业协会炉前工技能竞赛、天车工技能竞赛等。承办了济源市历年技能竞赛的多个项目。近几年，公司16名参赛员工被授予"济源市五一劳动奖章"、214名被授予"济源市技术能手"等荣誉称号，3人被授予"河南省五一劳动奖章"、1人被授予"全国五一劳动奖章"。

（二）评：指技能评定。经省人力资源和社会保障厅及济源市人社局的批准，成立了济源市首家冶金特有工种职业技能鉴定站、高技能人才评价试点单位，可独立开展中级工、高级工冶金特有工种、技师、高级技师的鉴定工作。共2850余名职工通过了职业鉴定。

（三）聘：指职务聘任。豫光集团注重评聘结合，构建有效地激励技能人才使用机制。制定并完善了《技术职务设置与晋升管理办法》。对取得职业资格的优秀技工经考评符合技术职务相应等级任职资格的可享受技术职务津贴，一批技能工人已享受每月100~1500元的技能津贴，让技能工人真正实现了自我价值。

（四）创：豫光集团工会持续推进群众性合理化建议技术创新工作，建立集团—子公司—基层分会—工段四级共建机制组织网络，规范"征集—评审—建立台账—跟踪落实"四步一体的工作制度，专人负责有理有据，职工参与实效明显，"五小"活动硕果累累。以健全的管理机制为保障，以劳模和工匠人才为主体，以企业生产过程中的重点、难点为主攻方向，"建、学、创"相结合深入推进创新工作室工作，2015年以来共创建了24个创新工作室，覆盖所有生产厂，2022年设立创新课题104项。以河南省总工会劳模和创新人才工作室联盟网站为依托，举办创新工作室交流会、承办河南省机冶建材工会劳模和创新人才工作室联盟交流会，加强工作室间的交流共建、资源共享，各工作室"比、学、赶、帮、超"百花齐放。坚持每年进行一次群众性合理化建议和技术创新评选奖励，每两年召开一次科技成果奖励大会。2021年科技成果奖励资金达

126 万元。2022 年对合理化建议技术创新、优秀创新工作室共奖励 23 万元。

豫光集团铅冶炼技术在世界上处于先进水平，2 项技术荣获国家科技进步二等奖。2022 年荣获中国机冶建材协会 3 项科技成果奖；3 个创新工作室分获市、行业、省优秀创新工作室；2023 年，再生铅资源循环利用及高效生产技改工程获河南省绿色制造技术应用创新大赛一等奖。

今后，我们将紧紧围绕公司"创世界一流，建百年豫光"的战略目标，深入践行"愚公移山，产业报国"的企业理念，坚持以高质量的职工队伍，推动高质量的企业发展，持续深化新时期产业工人队伍建设改革工作走深走实，让职工在全面建设社会主义现代化国家的新征程中与企业共享成功共享生活。

豫光金铅集团基层2023年"师带徒"启动仪式

豫光金铅集团职工技能竞赛焊工选拔赛

第五部分

建材行业

凝心聚力　改革创新
打造高质量产业工人队伍

中国建筑材料科学研究总院有限公司

近年来，中国建筑材料科学研究总院有限公司工会积极贯彻落实党中央决策部署，在中国机械冶金建材工会、中国建材集团工会的领导下，明确了新时期产业工人队伍建设改革的指导思想、基本原则、目标任务以及改革举措。围绕加强和改进产业工人队伍思想政治建设、构建产业工人技能体系、创新产业工人发展制度、强化产业工人队伍建设支撑保障等方面，多措并举，协同推进产业工人队伍建设工作。

中国建筑材料科学研究总院有限公司是中国建材集团所属全资二级企业，创建于1950年，是新中国首批建材科研机构，创造了中国建材科技史上多个"零"的突破，为我国国民经济建设、国防军工事业发展做出了突出贡献，被誉为"新中国建材科技的摇篮和发源地"，是我国建材与无机非金属材料领域的重要研究机构，拥有2家上市公司，所属企业123家。现有职工16822人，其中产业工人7145人，占职工总数的42%；专业技术骨干1190人，占产业工人总数的16%。总院坚持"1+2"战略格局，即以科技创新为引领，做强做优做大特种功能材料研发与产业化和高技术服务两大主业，作为一家具有悠久历史科技型企业，总院近年来大力发展战略性新兴产业，保障国家供应链产业链安全，始终坚持把产业工人队伍建设作为科技兴国、人才强国、创新驱动发展的重要支撑和基础保障，打造了一支有理想守信念、懂技术会创新、敢担当讲奉献的产业工人队伍。

一、坚持党建引领，突出产业工人队伍贡献

一是强化思想武装。党委把方向管大局保落实，不断深化对产业工人的思想政治建设，工会组织发挥联系产业工人的桥梁纽带作用，以总院"1335"党建工作体系穿透落地为契机，带动产业工人学习先进思想，推动习近平新时代中国特色社会主义思想和习近平总书记重要讲话精神到企业、到车间、到班组。二是提高工人地位。拓宽产业工人民主参与渠道，在重大任务中选派产业工人代表，在党代会代表中确保一定比例的产业工人，加大产业工人在群团组织代表委员中的比例，保障产业工人的政治地位和民主权利。提高产业工人发展党员的比例，近三年党员发展工作中80%为产业工人。提高产业工人地位和福利待遇，总院现有工人队伍中，3人享受国务院政府特殊津贴、4人享受政府特殊津贴、59人享受单位津贴。三是加强宣传引导。讲好总院故事激发产业工人热情，在优秀党建品牌、青春品牌、青春楷模、劳模团队等活动中选树产业工人代表，利用官微、官网等平台大力宣传，弘扬劳模精神、劳动精神和工匠精神，组织劳模专家参加大国工匠展示、下沉基层授课等方式，广泛学习宣传劳模先进的崇高思想和先进事迹。

二、完善人才机制，拓宽产业工人发展通道

一是建立完善产业工人成长通道，发挥产业工人人才优势，设立技能人才特色发展成长通道，打造"工匠型"的技能人才。印发《中国建筑材料科学研究总院有限公司人才发展"三通道"管理指引》，利用"1468"人才工作体系，打通技能人才、管理人才、科技人才发展"三通道"，实现产业工人发展通道的有序流动和科学配置。二是分级管理开辟技能人才纵向发展通道，设立首席技

师、特级技师、资深技师、高级技师等职级，将科技人才、技能人才按科研水平、技能水平划分等级，并与管理人员确立职级对应关系。如大师工作室首席技师与所在单位领导班子定为相同职级。三是拓展技能人才职业技能鉴定通道，发挥总院资源优势，通过"037""040"鉴定站进行技能人才等级认定。开展技能人才自主评价，采取"一对一"指导，按岗育才，截至目前共有43名职工考评通过并获得职业等级证书。四是实施劳模工匠计划，建设具备工匠精神的技能人才队伍。支持帮助成员企业建立技能大师（创新）工作室、劳模（创新）工作室，在一线员工当中广泛开展技师研修、导师带徒和团队创新活动，完善导师带徒等高技能人才绝技绝活传承机制，推动技能大师技艺技法传承和技术技能创新成果的转化和推广应用。

三、坚持文化穿透，加强产业工人精神文明建设

一是丰富产业工人生活娱乐方式，发挥总院特色品牌优势，设立八大协会，涉及书法、篆刻、摄影、文体等多个领域，每年开展主题系列活动，组织篮球赛、乒乓球赛、羽毛球赛、足球赛、摄影等文体活动，为产业工人提供丰富多彩的娱乐生活，增强产业工人队伍的凝聚力和向心力。二是发挥资源优势为产业工人提供交流平台，总院所属单位设立国家建筑材料行业职业技能鉴定037和040鉴定站。037鉴定站承办首届"同欣杯"全国运动地坪铺装工职业技能大赛，全国118名选手参加竞赛；040鉴定站开设两期建材物理检验工（防水材料）培训班，完成培训人数和鉴定人数合计215人，以竞赛、培训和鉴定的方式，加快高技能人才队伍建设。三是结合乡村振兴充实产业工人队伍，总院积极落实开展乡村振兴工作，扎实推进帮扶地区产业园、生态园等项目落地实施，在帮扶地区招聘当地群众加入产业工人队伍，发挥乡村振兴一线的担当作为和社会价值。四是加大产业工人帮扶服务力度。坚持分级管理，精准帮扶，动态帮助困难产业工人解决实际困难，对困难产业工人家庭提供"金秋助学""医疗互助""双节送温暖""发放贫困补助""一元捐十元捐"等帮扶救助，

让产业工人充分感受到党委和工会组织的温暖。

四、做好维权服务，保障产业工人合法权益

一是保障产业工人权益。总院工会坚持民主决策、民主管理为产业工人权益保驾护航，通过职代会联席会、工会主席会等会议，定期审议产业工人权益问题，联合纪检部门对用工违法事件严格管理，加大对所属企业问责查处力度，引导所属企业维护好产业工人的劳动经济权益。二是重视产业工人维权工作。坚持问题导向，着力推动解决职工群众急难愁盼问题。总院纪委立足"监督的再监督"职责定位，坚持严监督与强监管同向发力，充分发挥"大监督"联动，协同党委组织部/人力资源部、党群工作部等部门积极做好产业工人权益保障工作。强化执纪问责，紧盯涉及职工利益诉求类案件，对责任落实不到位、工作组织不力、对欠薪问题视而不见的单位严肃问责，倒逼责任落实。三是增强劳动安全生产意识。协助举办中华全国总工会"全国水泥行业安全生产知识竞赛"活动，加强水泥行业安全标准推进，提高职工操作规范意识，打造安全生产防线。持续深入开展"安康杯"等安全活动，中岩科技"预制装配式建筑套筒灌浆施工班组"荣获中华全国总工会全国"安康杯"竞赛优胜班组。安全环保部门不断加大安全生产宣传力度，通过竞赛推动企业落实劳动安全生产主体责任，减少安全事故、控制职业危害，维护产业工人生命安全与健康权益，扩大参与面和受益面，提高产业工人安全生产意识。

五、弘扬劳模精神，激发产业工人凝聚力

一是发挥组织领导作用，在总院工会组织带领下，广大产业工人广泛参加各种形式的评选竞赛活动，为完成不同阶段的发展目标作出了重要贡献。其中，国检集团第一检验认证院荣获"全国工人先锋号"称号，总院获"一带一路暨金砖国家技能发展与技术创新大赛""发明创业奖项目奖"银奖、3个班组被命名为全国机械冶金建材行业"百强班组"、150余项项目获全国机械冶金建材行

业职工技术创新成果奖项。二是树立先进典型，近年来4名职工被评为省部级劳动模范、3名职工获得省部级五一劳动奖章、9个集体和31名个人获得全国机械冶金建材行业工会经济技术工作先进单位、岗位能手、示范工作室、行业工匠。总院定期开展两优一先、工会评优、青年楷模等优秀评选工作，发掘产业工人队伍中的先进集体和代表予以表彰，激励广大工人以更加饱满的热情投入工作。三是打造建功立业平台，发挥劳模（工匠）等优秀产业工人技术引领带头作用，开展劳模（工匠）创新工作室创建、评选等活动，截至目前，总院共创建49个劳模（工匠）工作室，通过宣传、引导，切实发挥工作室技术革新、攻坚克难、产业工人培养和精神传承的作用，营造树立劳模、崇尚劳动、培育工匠的浓厚氛围。

下一步，总院将全力推进产业工人队伍改革建设工作，履行好工会牵头责任，积极发挥工会组织联系职工最广泛、联系职工最紧密的优势，认真履行好产业工人队伍建设改革的责任，进一步改进推动改革的方法，努力调动企业、产业工人参与和支持改革的积极性，扎实推动产业工人队伍建设改革向纵深发展。加快制度建设，建立健全产改协调（领导）小组工作机制，加大统筹协调力度，加大督查督办力度，加大工作经费保障力度，协调各产改责任单位落实落细改革任务，充分发挥成员单位作用。扩大改革覆盖面，对照改革总体任务，及时总结产改试点经验做法，加大宣传引导报道力度，积极营造共同推进改革的浓厚氛围，推进改革向纵深发展。

2021年8月,中国建筑材料科学研究总院工人合唱团在中华世纪坛为庆祝建党百年献唱

2022年10月,中国建筑材料科学研究总院所属企业瑞泰马钢员工在总包区域研究施工方案

实施"五力"工程 激发职工活力 推动产改工作走深走实

泰山玻璃纤维有限公司

泰山玻璃纤维有限公司是专业从事玻璃纤维及复合材料研发、生产、销售的国有大型企业，隶属于中国建材集团。1997年公司建成国内首条万吨无碱玻璃纤维池窑拉丝生产线。目前公司资产总额超过220亿元，玻纤及其制品产量140万吨/年，为全球第二大玻璃纤维制造企业。

近年来，泰山玻纤深入推进新时期产业工人队伍建设改革，坚持做到政治上保证、制度上落实、素质上提高、权益上维护，不断调动职工钻研技术、提高技能、善于创新的积极性，持续提升产业工人创新力，推动企业实现全面高质量发展。

一、实施党建"牵引力"工程，增强产业工人先进性

突出党建引领作用，强化职工思想引领，坚持党管人才原则，强化"党建+"引领，增强产业工人队伍先进性。

强化"党建+思想"引领。以"中国梦·劳动美"主题教育为载体，深入开展"讲工匠故事·展劳模风采"主题活动，以选树劳模、培育"泰玻工匠"为抓手，加大劳模工匠的表彰力度，宣传劳模工匠的优秀事迹，大力弘扬劳模

精神、劳动精神、工匠精神，加强职工理想信念教育，动员职工建功立业。三年来，公司共选树各级劳模工匠 82 人次，其中全国劳模 1 人次，省部级劳模工匠 5 人次，市级劳模工匠 27 人次。

强化"党建＋人才"引领。坚持党管人才原则，结合公司高质量发展和战略落地需求，建立起目标明确、制度完善、机制有效地人才培养选拔工作体系，形成了管理、科技"并驾齐驱"的人才战略布局。加快管理人才选拔培养。秉承"年轻化、高素质、重实干""能者上、平者让、庸者下"的选人用人理念，建立健全《管理人员管理办法》，完善了各层级管理人才的内部竞聘和民主推荐程序。2017 年以来，新提拔管理人才中 80 后占比 65.4%，本科及以上学历占比 92.31%，管理人才队伍学历素质能力、年龄结构、专业资质大幅优化。管理人才选拔任用公开、公正、透明，同事看得见，群众信得过。规范科技人才选拔任用流程。公司成立科技人才管理委员会，规范了科技人才的引导、选拔和任用流程。五年来，通过公开选聘，450 余名科技人才进入 372 个关键岗位。同时，依托产学研平台，深化校企合作，引进本科生 119 人、硕士及以上学历人才 48 人，高素质、专业化的科技人才队伍初步建立。

二、实施评价"原动力"工程，畅通技能人才发展通道

泰山玻纤是山东省首批企业技能人才自主评价试点企业，公司结合行业特色和企业实际，开发出技能人才自主评价体系。

构建"工位矩阵"，让评价"专业化"。创新企业岗位分类模式，建立了涵盖 10 大工种、25 个岗位、173 个工位的"工位矩阵"，为企业"三定"管理的深化和自主评价标准的细化夯实了基础。

优化"等级矩阵"，让评价"广泛化"。为产业工人设计了 18 个档级的"等级矩阵"，设立了技师和高级技师职级并执行年薪制，打破了技能人才成长的"天花板"，强化了技能人才职业生涯的龙头拉动效应。

编制"技能矩阵"，让评价"精准化"。为每个岗位都编制了"技能矩阵"，

列出所辖工位的全部技能项目，制作了员工技能成长地图。使评价出的技能人才具备了"一专多能、灵活顶岗"的特点，全方位适配企业人才需求。

细化"考评矩阵"，让评价"严谨化"。近年来，泰山玻纤培养了国家级职业资格考评员5人，省级职业技能鉴定质量督导员1人，以及30余人的考评实施团队。强化"评价前、评价中、评价后"全流程质量管控，确保评价过程公平、公正、公开。

运用"结果矩阵"，让评价"实效化"。三年来，泰山玻纤累计完成了8000余人次的自主考核评价，发放职业技能等级证书5380人次。并根据评价结果，兑现岗位工资、技能工资待遇，实现了评价晋升与薪酬激励的有机结合。

三、实施培训"支撑力"工程，提升产业工人队伍素质

泰山玻纤把培训作为企业送给员工最好的福利，每年投入大量资金用于各种培训。针对岗位特点、要求和企业发展，构建班组、车间、分厂、公司四位一体的职工技能"三精"培训体系，分类分层分级分线，确保培训的实效性，使每一个职工都能受益，不断提升职工技能素养和技术水平，打造与企业高质量发展相适应的新时代高素质产业工人队伍。

精细培训，加快新工顶岗。泰山玻纤细化并规范了《新员工招聘、培训方案》，建立了完善的课程体系。新员工经过三级安全教育进入岗位后，采用师徒帮带的方式强化技能培训，实习期满依据考核结果定岗、定薪。

精准培训，促进个体补强。泰山玻纤利用生产岗位技能矩阵，明确所在岗位的技能标准和培训需求。在重点岗位引入"技能培训师"制度，以数据分析和实践经验为支撑，开展针对性的培训，提升员工技能，实现标准化作业。

精益培训，开展练兵比武。泰山玻纤连续15年承办泰安市技能大赛项目，积累了丰富的大赛经验。创新练兵比武模式，实现练兵比武常态化。将技术比武与技师考评、鉴定取证相结合，近年来，通过技术比武累计取得高级工职业资格证书450余人次，20余人破格申报技师资格。

四、实施创新"驱动力"工程，营造全员创新浓厚氛围

泰山玻纤以创建全员创新企业为目标，大力倡导"改善即是创新，人人皆可创新、处处皆可创新"的理念，努力建设创新型企业。

推进全员创新创效。积极开展五小活动、合理化建议、六源查找、金点子、改善提案等创新活动，营造浓厚创新氛围，助力企业提质增效。每年组织优秀创新成果评比表彰，三年来，累计奖励职工创新项目540余万元。2020年，泰山玻纤被认定为山东省首批全员创新企业。

发挥示范带动作用。泰山玻纤积极发挥劳模、工匠创新工作室的辐射带动作用，提升群众性创新活动热情。以总部搬迁为契机，累计投资500余万元，高标准建设了温广勇劳模创新工作室。全国劳模、齐鲁大工匠温广勇带领动力供给、玻纤保全保养、漏板保全、原丝工艺、制品工艺、产品检验等6大专业团队，500余名技术技能工人，先后开展技改创新及工艺改进课题70余项，获得国家专利66项，累计为企业创造经济效益4000余万元，也培养了一大批优秀技能人才。

五、实施工会"凝聚力"工程，保障产业工人合法权益

泰山玻纤工会把维护职工合法权益作为服务企业中心工作的主要手段和切入点，建立和谐稳定的劳动关系，保证职工队伍的稳定。

维护职工健康权益。以创建安全一级标准化企业为载体，认真组织开展安全生产风险分级管控与隐患排查治理"双体系"建设，对所有生产环节进行安全隐患排查和治理，有效防止和减少安全事故的发生，保障了员工的生命健康安全。同时，深入开展各类安全宣传和教育活动，提高职工的安全意识和安全技能。

维护职工经济权益。坚持工资集体协商制度，充分运用职工代表大会、厂务公开、平等协商签订集体合同等方式，监督公司行政执行社会保险法律、法

规以及企业年金的管理和使用情况，督促公司行政方履行法定义务，按时足额缴纳社会保险费和住房公积金，及时支付工伤职工的工伤保险待遇。

维护职工生活权益。从工会自身的特点和优势出发，为职工办实事、办好事，及时掌握特困职工的基本情况，建立特困职工档案，救助特殊困难职工。坚持做到"五必访"，把组织的温暖送到职工手中，真心实意地为职工排忧解难。

"潮平两岸阔，风正一帆悬。"科学有效的产改机制，激发着泰山玻纤广大职工的劳动创造活力，一批批符合企业发展需求的技术能手和创新人才脱颖而出，为推动泰山玻纤高质量发展，实现"再造一个泰玻"的宏伟远景建功立业。

泰山玻纤技能比武

泰山玻纤温广勇获全国劳动模范、齐鲁大工匠等荣誉称号

实施"1234"工作法
深入推进产业工人队伍建设改革

河南中联同力材料有限公司

近年来,河南中联同力材料有限公司工会按照政治上保证、制度上落实、素质上提高、权益上维护的总体思路,大力实施"1234"工作法,深入推进产业工人队伍建设改革,不断提升职工队伍的凝聚力、创新力、战斗力,努力打造一支有理想守信念、懂技术会创新、敢担当讲奉献的产业工人队伍,团结动员公司广大职工展现新作为、建功新时代。

一、河南中联同力材料有限公司工会基本情况

河南中联同力材料有限公司成立于2021年5月28日,由中国联合水泥集团有限公司与河南投资集团有限公司共同出资组建,主要经营熟料、水泥、商混、骨料、石材等基础建材,同时承担固危废协同处置业务,三大产品及石材规模、协同处置固危废能力均居河南省首位,是河南省规模最大的基础材料公司。河南中联同力材料有限公司工会成立于2023年1月9日,共有工会组织24个,职工7164人,会员7164人。

二、推进产业工人队伍建设改革的主要做法

（一）聚焦"一个主线"，深化思想引领。围绕学习贯彻习近平新时代中国特色社会主义思想和党的二十大精神这一主线，坚持以党建带工建，以思想政治建设引领产业工人队伍建设，团结带领职工群众听党话、跟党走，凝聚起推进公司高质量发展的强大力量。

一是党建引领学。将学习贯彻习近平新时代中国特色社会主义思想和党的二十大精神作为首要政治任务，制定学习方案，列出必读书目，明确学习要求，通过"第一议题""三会一课"、主题党日、班组周例会学习等，强化对党的创新理论的学习领会。组织开展党的二十大精神"大学习大讨论"、党的二十大精神宣讲会、"手抄党章30天"、同声诵原文、知识竞赛等活动，累计参加职工近20000人次，推动党的二十大精神进一线、进班组、进岗位，入脑入心入行。

二是工会跟进学。深入学习领会党的二十大精神对工会组织、工人阶级作出的新部署、提出的新要求，结合工作实际，依托职工书屋、文化长廊等文化阵地，开展"悦读阅美 书香常伴"读书活动、党的二十大精神演讲比赛等，开展活动60余场，参加职工1800人次，引领全体职工深入学习把握党的二十大精神。组织开展"学习二十大·建功新征程"系列活动，通过开展"金点子"征集评选、"揭榜攻关"活动、生产经营成果展播等，引领职工群众把学习党的二十大精神成效转化为推动企业高质量发展的实效，邓州中联开展了"我为公司高质量发展献策"活动，大幅度降低熟料生产成本；河南省同力坚持党建赋能，设备治理成效显著，厂容厂貌焕然一新，不断增强企业综合竞争能力。

（二）坚持"双轮"驱动，助推素质提升。聚焦职工队伍技能素质、创新能力提升，紧抓练兵平台创建、创新工作室联盟两个"车轮"，以"双轮"驱动素质双提升。

一是以"大练兵"驱动技术水平大提升。结合实际探索建立长期适用的技能人才"孵化器"、练兵场，推动素质提升。创建"网上练兵"平台，"一企一

室"设立网上练兵室 24 个,征集试题近 6 万道,覆盖水泥行业工种 21 个,组织全员参与日常性练兵答题,通过月度考核、季度竞赛、年度总评,推动理论水平提升。把技能竞赛作为提升职工技能和推动企业高质量发展的重要抓手,科学确定竞赛项目,不断完善竞赛组织、效能评估和激励机制,组织开展化验分析工、维修电工、维修焊工、物检工等技能竞赛 10 余场,有效激发了职工学习实践热情;连续三年承办河南省机械冶金建材行业商混试验员技能竞赛,近 50 人荣获河南省"技术能手"称号,以点带线、以线带面促进职工队伍素质提升。发挥竞赛优胜选手的传帮带作用,试点开展技术能手导师带徒活动,强配置、细帮教、严出徒,推动"绝活""绝技"不断传承,打造职业化技能团队。

二是以创新工作室联盟驱动创新能力大提升。以"建功'十四五',奋进新征程"为主题,大力开展创新创效活动,推动创建创新工作室 22 个。依托河南省"劳模和创新人才工作室联盟",推动创新工作与企业关键技术攻关、创新成果推广应用等精准对接,通过"技术沙龙"、重大技术难题"揭榜挂帅"等,激发职工致力创新、岗位建功的热情。近年来,依托创新工作室大力推进创新创造,荣获专利 509 项,其中发明专利 30 项;8 个创新工作室荣获全国机械冶金建材行业示范性创新工作室称号。

(三)弘扬"三种精神",推动建功立业。大力弘扬劳模精神、劳动精神、工匠精神,强化典型引领、精神引导、示范带动,用榜样的力量激发干事创业激情。

一是弘扬劳模精神,强化典型选树。中联同力工会将讲好劳模故事、展示劳模风采作为一项强化典型引领带动的重要方式,通过开展劳模事迹报告会、座谈会,举办劳模风采展等,大力宣传先进典型的模范事迹、优秀品质,激励广大职工学习先进、追赶先进、争当先进,立足岗位建功立业。目前,河南中联同力材料有限公司有全国五一劳动奖章获得者 1 人,全国行业级劳模 6 人,省级劳模 12 人,省五一劳动奖章获得者 23 人。

二是弘扬劳动精神,推动建功立业。围绕公司"十四五"发展规划,聚焦创新驱动、节能环保、安全生产、提质增效等，大力开展劳动实践、劳动竞赛，推动岗位建功。组织开展"对标对表找差距 立足岗位建新功""决战四季度 我该怎么干"等岗位实践，引领职工对照年初确定的目标任务，做计划、拿措施、看过程、比效果，在控成本、抓产能、减消耗、降费用等方面大胆实践探索，提升生产经营成效，安阳中联深化"三精管理"，在行业下行压力增大情况下仍然保持了较为稳定的经营业绩。以服务市场为导向，开展"百日营销"劳动竞赛，推动销售人员列出路线图，制定时间表，找差距、抓时间、增销量，以百日攻坚，推动全年目标完成。

三是弘扬工匠精神，创办"工匠学院"。以培养锻造高素质工匠技能人才队伍为目标，依托河南科技大学继续教育学院国家级专业技术人员继续教育基地平台，创建"中联同力工匠学院"，坚持"让工匠进学院、让学院出工匠"的办学方针，采用"7+1"培训模式，通过"线上＋线下"相结合的形式，开展专业理论培训、岗位实操训练、技能鉴定认证、学历能力提升、科技创新研发等，推进高技能人才培养，致力将工匠学院打造成业务交流的桥梁、技艺传承的舞台、新型高技能人才培养的平台。豫鹤同力、黄河同力等企业已经河南省人社厅批准，获得职业技能等级认证资格，2020年以来，认证初中高级工共计310人。

（四）加强"四项工作"，构建和谐企业。

一是加强民主管理工作。健全以职工代表大会为基本形式的民主管理制度，规范召开职工代表大会，切实发挥职工代表的作用，保障职工的民主权利；建立平等协商集体合同制度，从源头上切实维护职工的劳动权益；借助互联网、新媒体优势，大力进行厂务公开，创新厂务公开形式，扩大公开范围，保障职工群众的知情权、参与权、表达权、监督权。开展工会主席接待日、"三最"问题调查等，畅通职工诉求表达渠道，维护职工合法权益和企业生产经营稳定。

二是加强维权帮扶工作。竭诚服务职工群众是工会工作的出发点和落脚点。中联同力工会坚持"企业是人、企业靠人、企业为人"的原则，牢固树立为职工服务的思想，建立帮扶体系，印发实施方案，大力开展"我为群众办实事"实践活动，深入实施冬送温暖、夏送清凉、金秋助学、大病救助等暖心工程，近3年来，发放慰问金近300万元，慰问帮扶职工近800人次，切实为职工办实事、解难事、做好事，当好职工群众的"娘家人"。

三是加强职工文化建设。聚焦满足职工群众日益增长的美好生活的需要，深入推进职工文化建设。以实现群众性文化活动制度化、常态化、规范化为目标，不断提升职工之家创建标准，完善软硬件建设，目前，公司所属企业建成集篮球场、羽毛球场、职工健身房、瑜伽房、职工书屋等为一体的大型职工之家20个，为职工倾心打造活动健身平台。深入推进职工文化建设，先后举办职工运动会，将篮球、羽毛球、乒乓球等体育赛事，与文艺晚会、书画摄影、演讲等文艺比赛相结合，强健体魄、丰盈心灵，不断满足职工群众对美好生活的向往，增强企业凝聚力和向心力，促进企业和谐健康发展。

四是加强安全健康维护。安全是企业发展的"一号工程"和永恒主题，维护职工的生命安全健康权是工会履行维护职能的首要职责。中联同力工会牢固树立安全发展理念，充分发挥工会组织监督职能，深化"安康杯"竞赛活动，组织开展群众性安全生产和职业病防治工作，开展"安全随手拍""身边无缺陷"等，加强对劳动保护与安全生产的监督检查，切实维护职工的生命健康权。注重安全知识学习，不断提升职工安全素质，2022年，中联同力代表队在全国水泥行业职工网上安全生产知识竞赛中荣获一等奖；2023年，腾跃同力代表中联同力参加全国建材行业职工网上"双碳"知识竞赛，荣获决赛团体一等奖。

下一步，中联同力工会将持续深入落实产业工人队伍建设改革各项部署要求，强力推进职工思想政治引领，强力推进素质提升、维权服务工作，努力打造一支知识型、技能型、创新型产业工人大军，推动激励产业工人建功立业，为制造强国战略实施和我国经济高质量发展贡献力量。

河南中联同力材料有限公司成立中联同力工匠学院

河南中联同力材料有限公司合力技术攻关

改革完善技能人才评价制度
推动科研和技术创新工作蓬勃开展

内蒙古蒙西高新技术集团有限公司

内蒙古蒙西高新技术集团有限公司迄今已走过了30年的历程，产业领域涵盖水泥及延伸产业、粉煤灰提取氧化铝、置业开发、投资管理等，成员企业30多家。蒙西集团自创立以来，始终遵循"高起点、高科技、高产业链、高附加值、高度环境保护"的原则，成功地走出了一条利用高新技术改造和提升传统产业的路子。多年来，蒙西集团高度重视产业工人队伍建设，特别是技能人才队伍建设，近年来，认真贯彻落实中央关于产业工人队伍建设改革决策部署，着力改革完善技能人才评价制度，取得了明显成效。

一、坚持党管人才原则，牢牢把握产改工作方向

坚持党的领导，充分发挥党委定政策、把方向、抓落实的政治核心作用，是蒙西集团的传统。在推进产业工人队伍改革特别是改革完善技能人才评价制度上，蒙西集团坚持党管人才原则，凡重大问题、重要决定均提交集团党委前置研究，确保产改工作方向不偏。在历次专业技术职务评聘工作中，集团党委书记亲自担任领导小组组长，亲自组织审定方案、决定拟聘人选，确保优秀技能人才脱颖而出、评聘结果经得起检验。

二、改革专业技术职务评聘制度，打破技术职务终身制

蒙西集团着眼于让优秀技能人才脱颖而出，打破技术职务终身制，每三年组织一次评聘。集团公司统一组织高级专业技术职务评聘，中级以下技术职务由区域管理机构和成员企业分别评聘；评聘过程中既看职业资格、更注重实绩，取得职业资格而无实绩的不必获评，上一次获评的下一次评聘时不一定获评。这一制度，撕掉了过去存在的专业技术职务"永久牌"标签，形成了专业技术职务能上能下的机制，营造了让优秀技能人才脱颖而出的制度环境。自2018年集团公司科研与技术创新大会部署改革专业技术职务评聘制度以来，已组织开展了两次专业技术职务评聘，一大批业绩突出、具有创新思维的优秀技能人才脱颖而出，得到提拔重用，畅通了广大产业工人的职业发展通道。

三、构建科学合理的业绩评价体系，引导专业技术人员发挥技术创新主体作用

蒙西集团坚持"管评分离"原则，即专业技术职务的评聘工作由人力资源部门组织实施，评聘后对专业技术人员的管理由技术管理中心负责。专业技术人员在三年的任期内，按照"劳动关系固定、使用方式灵活"的原则，集团公司技术部门对高级专业技术人员实行统筹调度。建立了专业技术人员任期考核评价和科研创新绩效评价制度。任期考核评价制度侧重于约束性评价，并坚持以业绩为主的评价导向。一个任期内，每年从能力、行为、业绩等方面对专业技术人员进行考核评价，考评结果与技术职务升降、薪酬发放挂钩，即当年考核不合格的，亮"黄牌"警告，并于次年下调一级工资；连续两年考核不合格的，撤销其技术职务。科研创新绩效评价制度侧重于激励性评价，主要是对专业技术人员参与实施的科研创新项目的绩效评价和他们在创新活动中的贡献大小的评价，评价结果主要应用于衡量科研创新项目是否达到了预期目的，怎样兑现对技术人员的奖励等。上述两个评价制度与专业技术职务定期评聘制度，

形成了对专业技术人员"三位一体"的考评体系，为各类技能人才发挥科研创新主体作用提供了制度保障。

四、实施"科技再造行动"，加强技能人才队伍建设

2021年蒙西集团作出了实施"科技再造行动"的战略部署，提出了"构建一个体系、培育两支队伍、建立三个机制、实现四个目标"的总体思路。其中，培育两支队伍指的是培育企业内部技能人才梯队和外部技术人才队伍。在企业内部建立了员级、助理级、中级、副高级、高级、首席专家六级技能人才梯队，由高到低每一级技能人才职数按照其上一级的一定倍数核定，形成"梯次配备、塔形分布"的技能人才队伍结构。同时，集团工会牵头实施"师带徒"制度，要求每位获评的专业技术人员都要带徒弟；集团技术管理中心开设"专家大讲堂"，要求获评的高级专业技术人员定期讲课；建立了以首席专家为主的技术委员会，集中组织开展专项课题攻关、解决生产经营中遇到的技术难题。对外，坚持利用"外脑"和"技术人才契约化"的思路，与国内科研院所、高校建立合作渠道，充分利用他们的技术力量和资源，针对企业经营发展的痛点、难点和重大科研创新项目开展合作。为此，蒙西集团专门制定下发了《科研项目揭榜挂帅实施办法》，由集团技术管理中心围绕新产品开发、工艺技术改进、设备升级优化、产业转型、低碳发展、节能降耗、科技成果转化等内容发榜，内部技术人员和外部技术人员或机构均可揭榜。通过这些措施，既促进了"科技再造行动"的实施，又锻造了技能人才队伍。

五、坚持以人为本，多措并举提高技能人才待遇

蒙西集团坚持以人为本管理思想，致力构建和谐企业，将员工类别划分为高级管理人员、专业技术人员、基石类员工，明确产业工人是公司经营发展的基石。建立了员工工资正常增长机制，除了保障员工工资水平随企业效益稳步增长，还实行经营考核奖励制度，着力保障员工收入。2023年，在业内企业普

遍经营困难的情况下,蒙西集团为一线员工增资15%(高管未增资),重点向产业工人、技能人才倾斜,近3年来,蒙西基石类员工的年均收入达8.3万元以上,远超自治区城镇私营单位职工平均收入水平。在收入分配上,向专业技术人员倾斜,2018年集团公司出台《关于提高技术人员待遇若干规定》,优先为技术人员增加工资;经过两次专业技术职务评聘,获评的专业技术人员的薪资水平大幅提升,普遍高于同级别管理序列的员工工资,首席专家的薪酬水平超过了部分高管人员。同时,提升专业技术人员政治待遇,在职工代表、工会委员会中吸纳专业技术人员,在评先选优上优先考虑专业技术人员。集团公司工会每三年开展一次"蒙西工匠"选树活动,重点从一线产业工人和技能人才队伍中选拔,获评者除给予隆重表彰奖励外,在专业技术职务评聘、任期考核时加分。这些实实在在的举措,提升了产业工人、各类技能人才的职业荣誉感,也激发了他们的创新动力。

六、加大激励力度,鼓励各类技能人才创新创造

修订完善《蒙西集团科研创新管理办法》,加大对科技创新成果的奖励力度。对于经推广应用后取得经济效益的科研或创新成果,从该项成果应用后每年创造的净收入中提取不低于20%的比例用于奖励项目参与人,创新成果的主要贡献人获得奖励的份额不低于奖励总额的50%;在项目实施过程中获得的专利,根据专利的实用价值大小,一次性给予专利发明人5000~50000元的奖励,所发明的专利获得中国专利金奖或中国专利优秀奖的,给予最高20万元的奖励;集团公司每年设立"技术创新标兵"奖项,授予在集团内技术创新、科技成果转化和产业化中,作出突出贡献和创造出较大经济效益或者社会效益的员工;每三年评选一次"科研技术与管理创新突出贡献奖",授予在科研技术与管理创新活动中取得显著业绩、做出突出贡献的个人和组织,最高奖金10万元,等等。通过一系列措施,充分调动了各类技能人才的积极性,蒙西集团科技创新活跃度空前增强,近三年来累计实施的科研和技术创新项目50多项,有力助

推了企业发展。

下一步，蒙西集团将继续按照中央产改工作要求，把党的领导贯穿始终，不断改革完善技能人才评价制度，推动产业工人队伍建设改革走深走实，更好助力企业高质量发展。

蒙西集团2022年高级专业技术职务评聘现场

蒙西集团隆重表彰第二届"蒙西工匠"

汇聚产改力量　赋能创新发展

蒙娜丽莎集团股份有限公司

蒙娜丽莎集团股份有限公司始创于1992年，总部位于佛山市南海区西樵镇，是一家集科研开发、创意设计、专业生产、市场营销为一体的高新技术上市陶瓷企业。

蒙娜丽莎集团坚持以习近平新时代中国特色社会主义思想为指导，立足新发展阶段，贯彻新发展理念，构建新发展格局。认真贯彻落实产业工人队伍建设改革工作要求，以强化产业工人思想政治引领、搭建劳模和工匠人才创新平台、构建人才发展体系、打造下沉式"四型"工会为重点工作内容，稳步有序地推进产业工人队伍建设改革工作。让改革成果更好惠及广大产业工人，造就一支有理想守信念、懂技术会创新、敢担当讲奉献的产业工人队伍。

一、强化产业工人思想政治引领，"红色引擎"赋能企业发展

（一）党建"把航向"。蒙娜丽莎集团党组织成立于1992年，2015年正式由"中共蒙娜丽莎支部委员会"升格为"中共蒙娜丽莎集团总支部委员会"，下设5个支部，现有在册党员92人，管理干部党员66人，占72%，近年来加大在产业工人队伍中发展党员力度。在企业发展上，蒙娜丽莎党总支部"掌好舵"，提出"创新推动，文化引领，走资源节约型、环境友好型的科学发展之

路"的企业发展战略,积极推动董事会围绕发展战略制定品牌路线和产品定位,大力推动企业形象工程建设。在企业文化方面,党建"红色引擎"引领着蒙娜丽莎的企业文化建设大步向前,进而转化为强大的生产力。

(二)党员"亮身份"。蒙娜丽莎党总支部设置了党员示范岗。在每位党员的工作岗位上树立"党员示范岗"的标识,一方面,让每位党员同志牢记党员义务职责,发挥好党员同志的先锋模范作用;另一方面,有利于群众的监督,并且营造"有困难,找党员"的工作、生活氛围。

蒙娜丽莎党总支部共有35名党员担任部门经理或副总以上职务,在各自部门领导岗位上发挥着核心作用。除了担任管理层的党员时刻不忘党员义务职责以外,一些基层职工党员,在平凡的岗位上带头发挥党员的先锋模范作用,为一线职工树立起了良好的榜样。

(三)党建筑信念。蒙娜丽莎集团认真落实《关于加强和改进新时代产业工人队伍思想政治工作的意见》,强化理论武装,推动新时代党的创新理论进企业、进车间、进班组,不断筑牢产业工人思想根基。持续开展"两学一做"教育活动、爱国主义观影教育活动和党史知识学习教育活动,通过线上党史知识竞赛、线下宣讲会等方式,推动党史学习教育深入一线。强化理想信念教育,开展"中国梦·劳动美——永远跟党走 奋进新征程"宣讲活动、"创先争优党旗红,科学发展当先锋"等主题实践活动,在潜移默化中引领产业工人紧跟共产党、奋进新时代。强化责任意识,积极响应上级政府部门的号召,牵手四川省凉山州等地进行结对帮扶,党员积极参与,开展共建培训。成立蒙娜丽莎党总支部志愿服务队,在企业内开展困难职工帮扶、疫情防控等服务,在社会上与周边村居联动开展公益募捐、入户慰问等志愿服务。

二、搭建劳模工匠创新平台,培养造就高素质产业工人队伍

(一)创建劳模创新和科研平台,组建核心技术团队。2013年,经过南海区、佛山市总工会批准,依托国家认定企业技术中心、中国博士后科研工作

站、广东省科技专家工作站、广东省大尺寸陶瓷薄板企业重点实验室、广东省工程技术研发中心、广东省企业技术中心、广东省工业设计中心等创新平台成立了蒙娜丽莎集团劳模创新工作室（2014年被命名为广东省示范性劳模创新工作室）。

长期以来，蒙娜丽莎集团十分重视劳模培养及劳模队伍建设，为企业职工提供了广阔的成长空间，取得了一系列丰硕成果。目前已建立了以全国劳动模范刘一军（教授级高级工程师）领导，全国五一劳动奖章获得者/全国建材行业劳动模范谢志军（教授级高级工程师）和梁宜广、全国轻工行业劳动模范刘付桂、南海区劳动模范潘利敏（教授级高级工程师）等一批公司工程技术骨干为主的劳模创新工作室核心团队。依靠中国博士后科研工作站、广东省科技专家工作站等创新平台的高级专家团队的智慧，培养、培训高级人才，助推蒙娜丽莎集团转型升级。

（二）产学研合作培养高素质人才，生产骨干学历提升。劳模创新工作室在不断创新开发的同时，积极与中科院广州化学研究所、上海硅酸盐研究所、华南理工大学、武汉理工大学、同济大学、陕西科技大学、西安建筑科技大学等科研院所开展产学研合作，在建筑陶瓷薄型化的应用方面得到进一步拓展，突破了建筑陶瓷产品的传统应用领域，为国内建筑陶瓷行业进一步转型升级开辟了新的路径和提供有效保障。在建筑陶瓷研发设计、生产、应用和环保治理等多方面，以及生产制造上实现了较高的绿色化程度。已培养博士后9人，博士研究生6人，工程硕士12人，共支出培训费超300万元。

每年都会组织研发技术团队到国内外先进企业进修，培养各类人才超300人。通过参加各类国际石材展、装备展、陶瓷展，积极与国内外同行进行学术交流。三年来参加国际展会和高水平学术交流的人数达500人次。开展"专家大讲坛"及"科技论坛"超20场次，培养人数超1000人次。

针对生产一线关键岗位业务骨干开展素质提升计划，耗资112万元与华南理工大学联办材料工程技术专业大专班，对一线班组长以上人员98人次进行学历提升教育。

（三）完善劳动和技能竞赛体系，激励产业工人提素增能。蒙娜丽莎集团完善劳动和技能竞赛体系，建立"人力资源中心＋安全管理部＋工会"的联动机制，定期开展劳动竞赛和技能比武活动，如理论与实践相结合的安全生产知识竞赛、焊工比武、工艺技术人员调图大赛、设计师大赛等职工技能竞赛。由车间班组分别针对各种岗位自主开展各类技能比拼，如原料车间的送粉工／塔工技能比拼、动力设备部的喷墨维修工技能比拼等。在各个岗位营造了良好的"传帮带"共学氛围。破除过往"填鸭式"培训，给予一定的竞赛激励，有效提升了职工的职业技能，培养出一批优秀的技术人才。近两年内企业内部共开展岗位技能竞赛35项，带动了1416人次参加各类岗位练兵、技术比武活动，以赛促学。

三、构建人才发展体系，促进产业工人职业发展

蒙娜丽莎集团聚焦企业发展与业务需求，谋划组织与人才发展新布局实现组织管理经验资源共享，以长期主义发力人才发展体系建设。随着集团业务的快速发展，各板块人才的"选、育、用、留"成为必不可少的一环，基于业务发展的核心人才发展体系应运而生。公司创建了技师工作站，2022年被评为佛山市级技师工作站，李宏爽被命名为市级企业首席技师。通过技师工作站对企业各核心岗位从业人员手把手进行技术提升培训。近两年内就有15名职工获得市区级职业技术能手等荣誉，2名科技人员获广东省杰出发明人称号。

2023年6月，蒙娜丽莎集团启动了"窑炉人才计划"，聚焦窑炉人才的"绩"——业绩、"能"——解决问题的能力、"德"——人岗匹配，三个维度的窑炉人才发展能力建设。窑炉作为陶瓷行业的心脏，在整个生产工艺中有着重要的影响地位，通过赋能和知识经验萃取，提升职工解决业务痛点的实际能力，提高职工的技能水平，打造与职工能力水平相符的激励机制。并打造"三位一体"的窑炉人才发展体系：1.能力提升：引入内外部专家顾问，通过训战

结合的赋能模式，以解决业务痛点的实际能力为立足点，强化职工的技能水平；2. 价值导向：通过"以师带徒"的价值传播模式，设置任务挑战，聚焦经验知识的沉淀与传承；3. 人才认证：通过五星人才认证标准建立及一年一评的认证实施，对四星、五星人才进行动态管理及能力激励匹配，以打造职工技能发展通道。

四、坚持党建带工建，致力打造下沉式"四型"工会

蒙娜丽莎集团深入推进工会改革创新，坚持党建带工建，工建服务党建，致力打造下沉式"四型"工会，即推动工会组织、职能、服务和阵地下沉一线，打造学习型、服务型、自治型和创新型工会，促使企业与职工共同成长、共同发展，在企业高质量发展过程中发挥工会力量。

（一）推动"四个下沉"，夯实工会基层基础。

第一，于2019年以行政班组或行政科室为单位建立了22个工会小组，配套运作机制，设立专项资金，组织下沉，激发工会组织活力。

第二，培育了一支由256人组成的自治型工会骨干队伍，紧密关注职工需求，职能下沉，凝聚工会成员力量。

第三，由工会小组自主开展职工关怀、团队建设、文化建设、提素增能和困难帮扶五大类基础服务和促进生产促进管理的服务，服务下沉，延伸职工服务触角。

第四，在车间里建设工会小组阵地，1个工会小组中心阵地+N个工会小组服务阵地的建设，实现了服务阵地在企业内部全覆盖。阵地下沉，拉近职工参与距离。

（二）打造"四型"工会，助力企业高质量发展。

第一，以学为先，打造"学习型"工会。深入展开职工思想政治学习、职工技能提升学习和职工素养提升学习，如职工家庭健康教育、职场减压活动、中西式点心培训班等。在学习过程中还培养了个别职工企业导师，提供平台让

他们发挥所长。

第二，以人为本，打造"服务型"工会。一是用心用情服务职工，为职工办实事。以职工为中心，营造关爱职工、和谐互助的企业文化氛围。开展节庆日文体活动、青年交友、宿舍联谊、心理团辅等恒常服务活动及多个特色服务。完善互助会救助相关机制、分层分类建立困难职工帮扶档案、在企业内部设置"公益岗位"，从"输血"到"造血"、建立"企业—工会—社工"三位一体的职工关爱中心。通过"工会＋工会小组＋社工"三工联动的工作模式开展工会小组建设工作。2022年至今，蒙娜丽莎工会小组开展职工服务场次733场，服务职工32904人次，职工对工会小组服务的满意度达92.8%。关注职工家庭需求，打造职工家庭品牌服务。开展了5届职工子女暑期夏令营，共为220多名职工子女提供了贴心的服务，大大减轻了职工暑期照顾子女的压力。二是构筑和谐劳动关系，服务企业发展。在疫情防控期间，企业工会发挥自身组织优势，为每次工作动员足够的职工志愿者及工会骨干，还为防控人员提供服务保障，传递工会关爱。另外，适时开展职工调研工作，详细了解企业职工生活和工作情况，及时掌握企业对工会服务的需求动态，有效维护职工合法权益，提高为企业和职工服务实效，保障生产经营顺畅。三是公益服务显担当，践行社会责任。2023年企业工会开展了第一届爱心公益集市，打造工会公益服务品牌，让800多名员工通过消费一起参与公益。还连续四年通过"以购代捐"凉山盐源糖心苹果的方式贡献了来自民营经济的独有力量，激发了贫困地区的内生发展动力。还与周边社区和西樵镇爱心工场联动，组织工会志愿者参与社区弱势群体的探访、慰问等工作。

第三，民主管理，打造"自治型"工会。以落实职工代表大会制度为主线，不断拓宽职工民主参与、民主管理、民主监督的渠道。定期开展工会小组访谈，收集服务问题、职工需求及建议。形成了工会小组服务从"开展—总结—反思"到集团工会"问需—评估—商议—反馈—调整"的工作模式。联动社工通过积分激励、沟通会等方式来维系工会骨干队伍的发展；组织工会骨干开展了能力提升培训，为骨干提供一对一的督导和优化辅导。目前大部分工会小组均能自主策划并开展服务，服务设计越来越贴近职工需求，充分发挥工人阶级主力军作用。

第四，与时俱进，打造"创新型"工会。通过"三工联动"的工作模式扎实开展工会工作，形成"党建引领、工会负责、组织（工会小组）运作、专业（社工）支持"的职工服务新模式。并将"人""事""制"三者有机结合，实现"专人做事""有制可循""有求可解"。在劳模创新方面，集团工会通过开展职工提素、技术创新活动，大力弘扬劳模精神、劳动精神、工匠精神，营造创先争优、提素增效的工作氛围。通过劳模创新工作室的示范带动，在各级技能人手、工匠、劳模的积极奉献之下，蒙娜丽莎集团创新建设硕果累累：2019年实现3600（mm）×1600（mm）×15.5（mm）大规格陶瓷岩板的量产，推动中国大规格陶瓷岩板逐步走向独立生产的局面；2021年3月，蒙娜丽莎集团推出9000（mm）×1800（mm）×10.5（mm）更大规格的陶瓷大板，实现了中国陶瓷大板的新高度。先后获得中国专利优秀奖、广东省科技进步一等奖、广东省专利优秀奖、粤港澳大湾区高价值专利布局大赛金奖等荣誉。

蒙娜丽莎集团喷墨维修工技能比拼

蒙娜丽莎集团窑炉人才计划"以师带徒"拜师仪式

赋能高质量发展
鸿翔环境产业改革创新向纵深推进

鸿翔环境科技股份有限公司

鸿翔环境是一家专业的环保企业，是国家高新技术企业、全国循环经济技术中心、浙江省生态文明教育基地，也是全国工人先锋号单位。改革之初，鸿翔环境就坚持"以人为本"的核心立场，把握"创新、创优、创先"的核心精神，近年来，鸿翔环境坚持以习近平新时代中国特色社会主义思想为指导，深入学习贯彻党的二十大精神，扎实推进产业工人队伍建设改革重点工作。遵循思想上引领、政治上保证、制度上落实、素质上提升、地位上提高、权益上维护的总体思路，发挥科技创新的引领作用，深化交流合作，切实落实，层层推进。现将鸿翔环境产业工人队伍建设改革工作成效总结如下。

一、思想上引领

鸿翔环境结合党史学习教育，定期组织产业工人开展党建"思享会"，深入学习贯彻习近平新时代中国特色社会主义思想和党的二十大精神相关文件，感受我国综合实力的增强、科学技术的进步、基础设施的完善。同时，引导工人把学习成果转化为工作动力，秉持"安全至上"理念，确保安全稳定地高效完工，为高质量发展添砖加瓦。企业结合产业工人思想状况、特点和心理，创新思想引领方式，把解决思想问题同解决工人急难愁盼的实际问题结合起来，并根据实际情况分析解决，积极维护产业工人队伍稳定，及时加强情绪疏导，强化人文关怀，努力让这支产业工人队伍成为一股和谐稳定的可信赖的力量。

二、制度上落实

制度上的改革是鸿翔环境产业工人队伍建设改革的重要保障。鸿翔环境人力资源管理中心建立健全的人力资源管理体系，针对产业工人的入离职管理、档案管理等制定全面的制度，合理保障他们的合法权益。建立完善的工人职业技能培训体系，制定工人职业技能标准，完善以创新能力、质量、实效、贡献为导向的人才评价体系，完善职业（工种）类别。落实健全的班组长晋升选拔机制，畅通工人晋升通道。建立技能导向的激励机制，根据产线特点制定车间技能工人基本配备标准，并逐步提高基本配备标准，实现工人薪酬与技能等级挂钩，技高者多得、多劳者多得。

三、素质上提升

鸿翔环境强化技能培训主体作用，采取校企合作、购买社会培训服务、内部交流学习等多种形式，解决工人理论与实操脱节的问题，实现技能培训、实操训练、考核评价与现场施工有机结合。通过岗前培训、岗位练兵、技能竞赛、技术交流、安全生产培训等，激发产业工人的学习积极性，提升技能水平。企业创立"鸿英"计划，通过"1+N"的成长体系，丰富产业工人视野，提升专业技能，增强实践能力。"三创"讲堂进一步推进企业"创新、创优、创先"发展工作，典型经验做法分享助力企业发挥示范引领和模范带动作用。

鸿翔环境利用生产、施工等资源优势，推行导师帮带制。以"老带新"的形式，让拥有多年产线经验的行家与新工结成帮带对子，边做边学边听教导，接地气、学得进、效果好，快速培育出一支想干事、能干事、干好事的产业工人队伍。"导师帮带制"不仅仅涉及工人队伍建设，还可以与职能干部管理制度的完善、党员干部建设的实施以及后备干部培养等工作有机结合起来，进一步提高员工管理制度实施的整体效能。

鸿翔环境鼓励产业工人参与技术创新和研发，成立循环经济研究院，与中国建科院、中国科学院、中国工程院、浙江大学、同济大学等各大高校和科研院所开展产学研合作，积极打造先进技术研发基地和人才培养基地，这也为企业持续高质量发展输送更多有技能、有地位的高技能产业工人，从而提升企业的竞争优势，抢占未来发展制高点。

四、地位上提高

鸿翔环境健全保证产业工人主人翁地位的制度安排，加大技术工人月度、年度表彰力度，推进环境之星、劳动模范、最美工匠、安环标杆等先进典型表彰活动，策划致敬劳动者"五一"特别专题，营造尊重劳动、崇尚技能、鼓励创造的企业氛围。同时，通过企业内刊、自媒体平台加强对产业工人队伍建设改革的宣传。

五、权益上维护

鸿翔环境建立健全产业工人权益保障机制，合理设置工时制度和休假制度，落实社会保险，保障福利待遇，定期开展体检，三八妇女节、端午节、中秋节等节日慰问，提高工人归属感。企业发挥工会作用，通过爱心驿站帮助工人解决最关心最直接最现实的利益问题，推动产业工人解困脱困工作与提升生活品质相衔接。努力打造一个良好的工作环境，让产业工人的获得感成色更足、幸福感更可持续、安全感更有保障，促进产业工人队伍的不断发展壮大。

鸿翔环境科技股份有限公司企业消防安全知识培训

鸿翔环境科技股份有限公司工人慰问现场

用激情唱响新时代的产改之歌

江苏东浦管桩有限公司

江苏东浦管桩有限公司作为区市省第一批产改试点单位，于2020年着手产改各项工作，取得了初步成效，曾多次在区市和省总工会专业委员会有关会议上作了汇报发言，《江苏工人报》曾以《产改样板间》专题和《产改文化专版》对东浦公司产改工作进行了报道。《工人日报》对公司提出产改制度化规范化建设，参与民主管理等也做过二次报道。

一、企业概况

江苏东浦管桩有限公司成立于1993年4月，现有员工600多人，有10个子公司，年产值10亿元，是全市最大的预应力混凝土制品的生产厂家，被评为中国产学研示范企业、国家知识产权示范企业、中国管桩10强企业、中国建材200强企业、中国建材高成长型100强企业、国家高新技术企业等。公司于1995年建立工会，2004年建立党支部，2013年成立党委，现有党员102人，建立12个党支部。现有工会会员500多人。并建立了统战部、工会、团委、关工委、妇联、侨联、退役军人联谊会、少数民族联谊会、新的社会阶层人士联谊会等群众组织，实现了党的组织和党的工作在非公企业的全覆盖。公司党委工会先后获得江苏省党建带工建示范企业、江苏省优秀书香企业、江苏省民主管理示范企业，江苏省优秀戎耀之家，江苏省红石榴家园、江苏省五一劳动奖状，全国建材和谐企业、全国模范职工之家，全国职工书屋示范企业，全国五一劳动奖章等100多项荣誉称号。

二、具体做法

（一）党建引领，增加了责任感，让产业工人的政治地位"高起来"。公司党委积极构建党建带工建的工作格局，公司党委书记兼任工会主席，做到党建工建一肩挑，党委工会活动一起搞。公司党委在稳步提升产业工人经济地位的同时，努力让产业工人政治地位得到提升，坚持做到把骨干发展为党员，把党员培养为骨干，几年来，已发展党员40人。公司党委探索实行产业工人在群团组织挂职和兼职，有8人分别担任全国省市有关群团组织的负责人。同时还实现"两代表一委员"的工作目标。

（二）赋能成长，增加了成就感，让产业工人的技能素质"强起来"。公司党委工会开展了"求学圆梦"学历提升行动，已有30多名产业工人，进修大专、本科和研究生学历，已评出自学标兵12人，东浦工匠10人，海州工匠4人。公司党委工会注重产业工人创新能力和技能素质的提升，创办了新时代产业工人技能培训基地、新时代农民工培训基地，已举办各类培训班100多期，培训人员3000多人次。

（三）文化熏陶，增加了自豪感，让产业工人的文化素养"高起来"。公司党委始终把党建工作与企业文化有机融合在一起。投入100多万元资金，成立了5个体育团队和6个文艺团体，建立了10多项文化设施。公司还实施企业文化建设"五个一"工程，拍摄了3部宣传短片；编写了10本企业文化书籍，创作了40首企业歌曲。坚持每年评出十大新闻，十件新事，十大好人，十大工匠等。

（四）薪酬改革，增加了幸福感，让产业工人的经济钱包"鼓起来"。公司工会会同有关部门对薪酬改革进行了积极的探索和实践，制定了《公司薪酬改革方案》，通过召开党政工联席会和工资协商会，进行了保底加计件工资和全计件工资的试点，产能得到大幅提高。由于工资待遇的提升，增加了工人队伍的稳定性和吸引力，2021 年 8 月，二车间有 2 位四川农民工自费购买了轿车，实现了外来农民工成为有车一族的梦想。

（五）建功立业，增加了荣誉感，让产业工人的内外形象"亮起来"。公司党委工会开展各种类型的建功立业主题活动，开展了"向二十大献礼"活动；"疫情面前勇于担当"抗疫行动；"当好主人翁、建功新时代"的主题活动；开展了劳动竞赛 4 场次，参赛职工达 1000 多人次；开展了提合理化建议 5 次，收到建议提案 200 多份；开展了师徒结对活动 5 届，有 60 多名新老工人结成新型师徒关系。公司党委工会还开展了光盘行动、保护母亲河行动、绿化厂区行动、安全签名行动、节能减排行动、修旧利废行动、垃圾分类行动等。

（六）权益维护，增加了安全感，让产业工人的尊严"树起来"。公司完善了职代会制度；完善了厂务公开制度；完善了职工董事监事制度；完善了民主协商制度；完善了民主监督制度。公司工会编发《一线反映》《思政动态》《问题与建议》《安全瞭望哨》等 4 类信息平台共计 150 多期。

三、主要成效

（一）促进了公司党建工作。公司被评为首批省党建带工建示范企业，被评为市两新组织党建示范企业，党委负责人被评为市区党课名师，全国非公党建互助共建专家，省首批高级党务工作者。创建了书记党建工作室、市理论名师工作室，举办了红色沙龙，开辟了《红领家园》《谭谈党建》《学立开讲》等网上新栏目。

（二）促进了工人队伍的培养。成立了东浦党校，东浦大讲堂，职工培训学校，东浦工匠学院。公司已培养出各类专业管理人员 100 多人，专升本人员 20 人，培养研究生 4 人，晋升中高级职称人员 8 人，表彰自学成才标兵 12 人，东浦工匠 15 人，选聘东浦导师 10 人。并规划出晋升通道，有 20 人担任车间主任和各子公司的高管,有 1 人担任总经理。

(三)促进了企业文化建设。公司有固定的文化设施,有完善的企业文化体系,举办演讲比赛、歌咏比赛、诗歌朗诵会等。撰写的《党建文化是促进企业发展的不竭源泉和动力》入选 2020—2021 年度全国建材企业文化建设优秀案例,获得一等奖。

(四)促进了企业思想政治工作。设立了企业首席文化官,建立了新闻发言人和新闻发布会制度,每个车间选配了一名思政指导员。成立了新时代职工讲习所,聘请了 10 名讲师和故事员,成立了东浦大讲堂,已宣讲 10 场,受教育达 1000 多人次。成立了劳模宣讲团,10 名劳模和先进人物到结对共建单位进行宣讲 10 场,受教育 2000 多人次。

(五)促进了企业发展和效益增长。2021 年以来,投资 3 亿元进行了 3 项技术改造,新建了 1 个生产基地,新上了 5 条生产线。公司已申报并获得有效专利 130 件,其中发明专利 30 件,国际专利 2 件。编印企业标准图集 11 本。2022 年度在受疫情影响的情况下,产值利润税收三项指标略有提升。

(六)促进了公司知名度的提高。公司工会先后接待了 6 批 1000 人次的对口学习交流。《工人日报》《江苏工人报》、人民网、新华网、学习强国等 10 多家媒体对公司的产改做法和经验进行了 50 多篇次的报道。

江苏东浦建立工匠节

江苏东浦开展技能竞赛

图书在版编目（CIP）数据

全国机械冶金建材系统产业工人队伍建设改革优秀案例汇编. 第二辑 / 中国机械冶金建材工会编. —北京：中国工人出版社，2023.10
ISBN 978-7-5008-8299-2

Ⅰ.①全… Ⅱ.①中… Ⅲ.①产业工人 – 人才培养 – 先进经验 – 中国 Ⅳ.①F425.15

中国国家版本馆CIP数据核字（2023）第207227号

全国机械冶金建材系统产业工人队伍建设改革优秀案例汇编. 第二辑

出 版 人	董 宽
责 任 编 辑	丁洋洋
责 任 校 对	张 彦
责 任 印 制	栾征宇
出 版 发 行	中国工人出版社
地　　　　址	北京市东城区鼓楼外大街45号 邮编：100120
网　　　　址	http://www.wp-china.com
电　　　　话	（010）62005043（总编室）
	（010）62005039（印制管理中心）
	（010）62046408（职工教育分社）
发 行 热 线	（010）82029051　62383056
经　　　　销	各地书店
印　　　　刷	北京美图印务有限公司
开　　　　本	710毫米×1000毫米　1/16
印　　　　张	14.25
字　　　　数	208千字
版　　　　次	2023年11月第1版　2023年11月第1次印刷
定　　　　价	58.00元

本书如有破损、缺页、装订错误，请与本社印制管理中心联系更换
版权所有　侵权必究